U0111690

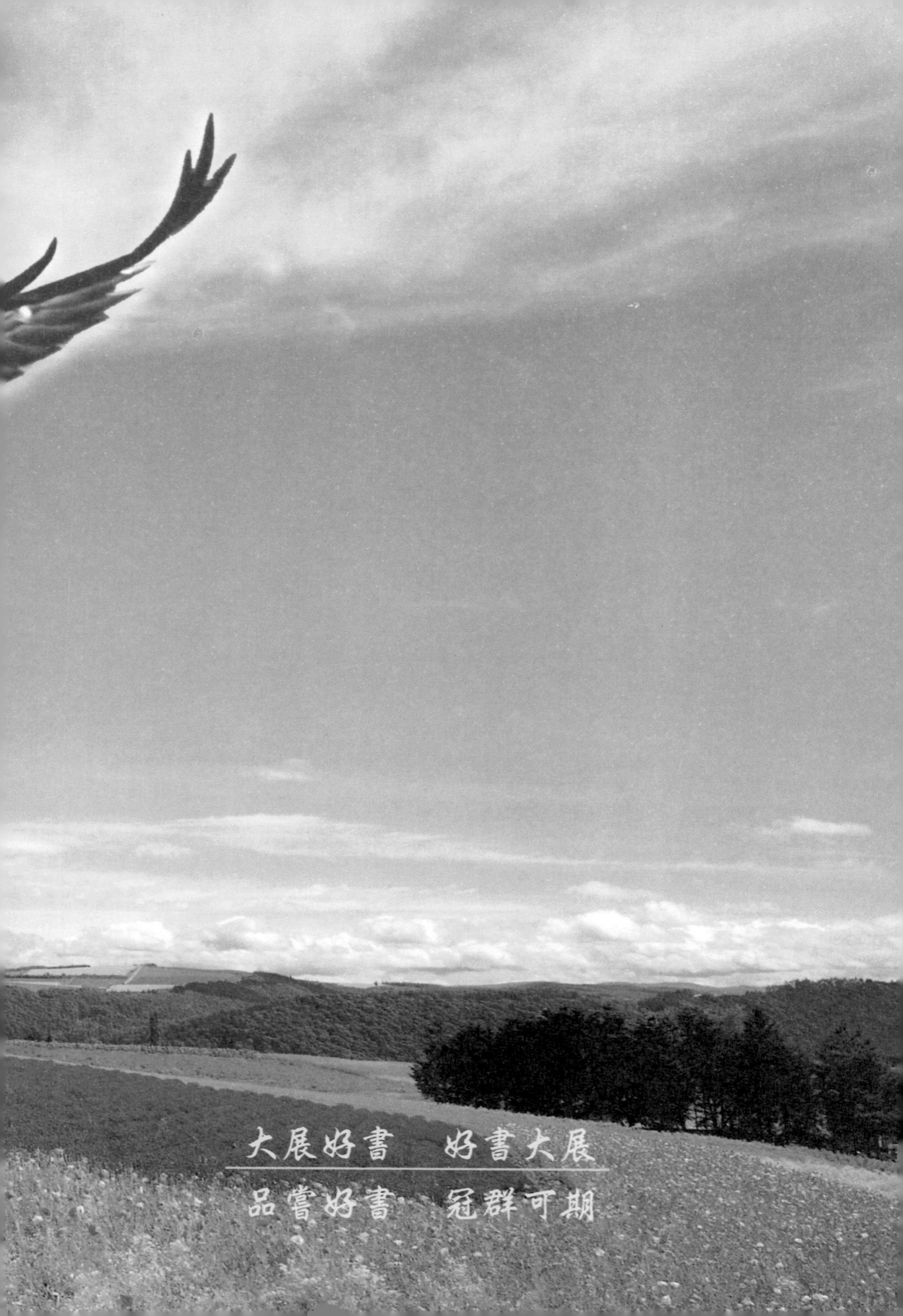
大展好書　好書大展
品嘗好書　冠群可期

大展好書　好書大展
品嘗好書　冠群可期

武術特輯
48

太極拳
習練知識問答

主編：邱丕相
編委：衛志強　　王　震
謝業雷　　徐春毅

大展出版社有限公司

前　言

太極拳是中華武術中的主要拳種之一，具有豐厚的文化底蘊和獨特的運動方式。它在悠悠然然、連綿不斷的運動中，把「道法自然」的辯證思想和中庸謙和的處世哲學融入其中，超越了軍事意義上的攻防技擊之術和強體健身之法，成爲一種集技擊、健身、修性於一體的良好運動，不僅受到國內廣大群衆的歡迎，也深受世界上許多國家地區人民的青睞。

太極拳奉行「身心合一」、形神兼養的原則，它的運動特點可概括爲圓活連貫、輕靈柔和的「身動」；沈著不躁、恬淡不狂的「心靜」；氣沈丹田、以心行氣的「氣斂」；樸實自然、意領神隨的「神靜」，是一種良性刺激、中等強度的有氧運動。許多學者和研究者都由實踐證明它對人體的心肺系統、消化系統、神經系統、免疫系統、運動系統等均有裨益。

其實太極拳充滿哲學意蘊的運動內涵，更有助於教人做到人與自然、人與人之間的和諧相處，塑造人們謙和的道德情操、堅韌的人格力量和恬淡無爲的精神境界。長期練習可將人的心理健康、處世哲學、生活情趣融在一起，樂此不疲。

太極拳既然是一種拳術，那麼它必然注重於實踐，而不是空洞的理論。爲使衆多的練習者掌握其要領，入門其中而不走偏斜和彎路，我們編寫了這本《太極拳習練知識問答》，相信書中的解答和分析，一定能助益於他們。

全書共分三個部分，第一部分是以太極拳的基本知識爲主，第二部分是以太極拳基本技術要領爲主，第三部分是以太極劍和推手的知識和技術要領爲主。

有人把太極拳運動稱做終身體育也毫不爲過，這不僅在於它的運動幅度和強度適宜各個年齡層的人群，還在於它的許多要領和技巧是在不斷的實踐中以身體來領悟，漸深漸入，漸悟漸徹，終生求之不竭，取之不盡。這確實點化出太極拳的魅力所在，人們正是在這漫漫長長的不懈追求之中，體悟之中，得以強身健體，祛病延年；得以修心養性，其樂融融。

通常就太極拳的練習過程大致可分爲三個階段：求形、求勁、求化。求形時期著重於外在動作的技術規範上，一般以舒鬆寬大些爲好，打下一個端正根基；求勁時期，隨著對勁的領悟，漸由外及內，動作適當縮小，結合勁的銜接與轉換；求化時期則不注重外形的規範與大小，重在意領神隨，對虛與實、鬆與緊，都會有新的體驗和發現。

話說回來，太極拳是實實在在的拳法運動，不故弄玄虛，也並非高深而不可及，各人的體會也不盡相同，這都無妨。多年的實踐證明太極拳是一種符合人體科學的運動。也正由於它的科學性，才會經久不衰，傳播廣泛。

寫這篇短文時，正値北京獲得二〇〇八年奧運主辦權，欣喜之中自然想到中華武術融入奧運大有可能，由此相信太極拳也將會爲更多更多的人們所明白、所熱愛、所傾心。

目 錄

一 太極拳基礎知識問答

1 什麼是太極拳？

中國的傳統武術內容豐富，流派眾多，其中太極拳是最主要的拳種之一。太極拳在早期曾被稱作「長拳」，意為演練起來滔滔不絕；也被稱作「綿拳」，意為綿綿不斷，柔中寓剛；還有稱作「十三勢拳」的，意為掤、捋、擠、按、採、挒、肘、靠、進、退、顧、盼定十三勢為其基本內容。

究其起源，也傳說不一，有說唐代許宣平所創；也有說元末明初湖北武當山道士張三豐所傳。據武術界較為公認的是，太極拳為明末清初河南溫縣陳家溝陳王廷所創。

「太極」一詞源出《周易》「易有太極，是生兩儀」。宋朝周敦頤在《太極圖說》中說，「無極而太極，太極動而生陽，動極而靜，靜而生陰，靜極復動，一動一靜，互為其根」。其中無極是指無形無象的原始狀態，「太」就是大的意思，「極」就是開始或頂點的意思。而所說的兩儀是指一陰和一陽，陰陽的產生是由太極的動靜而來。動而生陽，靜而生陰。動靜的變化周而復始，陰陽也就不斷變化和產生。古人認為，陰陽之說是天地之間最大的原理。

陳王廷及其後人以太極的理論運用到拳術中而逐步形成了太極拳。太極拳以陳式太極拳為起源，後傳外姓人氏楊露禪，形成楊式太極拳。久而久之，至今已形成世人所接受的五種主要的傳統流派太極拳。它們是陳式太極拳，楊式太極拳、吳式太極拳、武式太極拳和孫式太極拳。

太極拳結合了古代的導引、吐納之術，講究意念引導動作。在練習時，心靜體鬆，氣沈丹田，圓活連貫，並把拳術中的手、眼、身、步的協調配合與導引、吐納有機結合起來。運動要像抽絲那樣既緩又勻，穩重寧靜。邁步又要像貓那樣輕起輕落，綿綿不斷，動中求靜，虛實相互轉化，好似行雲流水，頗有太極的寓意。

中華人民共和國成立以後，為適應人民群眾健身和鍛鍊所需要，新編了二十四個動作的簡化太極拳、四十八式太極拳和八十八式太極拳等太極拳套路。

隨著太極拳進入體育競技的舞臺，為適應競賽規則和公平競賽原則，又創編了四十二式太極拳競賽套路、四式太極拳競賽套路等。

太極拳無論從健身醫療，還是從表演等多方面來看都有十分積極有益的功效和作用，受到中國和世界各國人民的普遍歡迎，開展尤為廣泛。

2 太極十三勢與五行八卦有何聯繫？

太極拳的流派以及從各流派所衍生的太極拳套路相當多。各類套路的技術風格迥異，套路演練的時間長短和套路的動作也不盡相同。但萬變不離其宗，其基本方法是一脈相承的，人們把它稱作太極十三勢。

太極十三勢可以用十三個字來加以歸納：掤、捋、擠、按、採、挒、肘、靠、進、退、顧、盼、定。王宗岳的《太極拳論》中說：「十三勢者：掤、捋、擠、按、採、挒、肘、靠、進、退、顧、盼、定也。」掤、捋、擠、按是太極拳練習中最基本的方法，也是太極拳推手中常用的手法，因為這四個手法無論身體的位置變化與否，其要求是正對前方，所以也稱作「四正」。而採、挒、肘、靠四種方法的運用是以身體的斜角為方向，如果通俗一些來講就是身體的東南、西南、東北、西北方向，所以也稱作「四隅」。進、退、顧、盼、定則是指身體所處的方位和步法變換，就是步法的前進、後退、左顧、右盼和中定。太極拳這十三個基本方法的配合和變化，組成了變幻萬千的太極拳動作和太極拳套路，同時也是太極拳推手中以此為核心而形成的種種方法最基本的內容。

中國古人以仰望天文、俯察地理、觀各類生物、近取諸身、遠取諸物，創立了五行八卦學說，以此來解釋自然萬物的組成結構以及興衰運動的規律。五行之說初見於金文《尚書・范洪篇》：「五行：一曰水，二曰火，三曰木，四曰金，五曰土。」以五行的相生、相剋規律來表明事物之間的內部聯繫，構成了五行學說的核心。八卦的圖說以「其大無外，其小無內」為認識原則。雖然八卦圖有先天和後天之說，但一般認為，八卦中的離、坎、震、兌四卦陰陽交感，配置四正方位元；乾、坤、巽、艮四卦陰陽不交感，配置四隅方位。

太極拳的基本理論是以中國傳統哲學為指導，其中太極十三勢也和五行八卦學說相結合。我們可以從王宗岳的太極十三勢解釋中清楚瞭解到這一點，「掤、捋、擠、按，即坎、離、震、兌四正也。採、挒、肘、靠，即乾、坤、巽、艮四斜角也。此八卦也。進步、退步、左顧、右盼、中定，即金木水火土也。此五行也。合而言之，曰十三勢」。

3　如何理解太極拳的五弓和五捶？

在太極的練習中，人們常會聽到這樣一個術語「五弓」，或者有的稱一身備五弓和太極五捶之說。

一身備五弓，這五弓是指兩手為兩弓，兩足為兩弓，身軀為一弓。五弓合一，練習時就能形成一股整體的勁力。內外結合而達到力量的靜似山岳與動如波濤。

一般認為，手弓以肘為弓把，手腕和項下鎖骨為弓梢，弓梢須前後對稱，不要偏倚搖擺。足弓以膝為弓把，胯骨與足跟為梢，膝關節有力微前挺，胯骨鬆沈後撐，足跟下撐而勁支撐。身弓以腰為弓把，手足為弓梢。

五弓以身弓為主，手弓和足弓為輔。運動中以腰為軸，上和兩臂相連，下和兩腿相繫，上下相隨，五弓具備而形成支撐八面的氣勢。

五弓合一是太極拳練習內外整體勁力的具體體現，無論是練習套路還是練習推手都要勢勢五弓具有。五弓合一是做到勁以曲蓄而有餘。有一太極拳歌謠似乎能道出五弓的含義，身是弓把勁似箭，黏隨引進走螺旋；一身五弓備蓄發，敷蓋對吞仔細研。

太極拳的拳形同一般握拳形式，四指自然併攏內卷，拳心鬆空拇指貼於中指中段上。根據握拳和打擊的方位，可以分為以下類型：

平拳：即拳背向上的拳勢。

立拳：即拳眼（大拇指和食指側）向上的拳勢。

反拳：即拳輪（小指一側）向上的拳勢。

栽拳：即拳背向前的拳勢。

仰拳：即拳背向下的拳勢。

太極五捶即是在此拳勢中所產生的五種用拳打擊的動作。它們是：掩手肱捶（搬攔捶）、披身捶、肘底捶、擊地捶（栽捶）、指襠捶。久而久之，人們習慣稱其為太極五捶了。

4　什麼是太極拳的精、氣、神？

精氣神學說是中國古代醫學理論，傳統醫學認為，精、氣、神是人體生命的根本。精是構成人體和維持人體生命活動的基本物質，精又分為先天之精和後天之精，前者來源於父母，後者來源於五穀食物的營養物質化生；氣是形成人體生命活動的基礎，先天之氣稱為元氣，其由先天之精化生而來，後天之氣則是人與大自然的氣體交換而成；神是由氣化生，指的是意識、思維和精神活動。

精、氣、神三者相輔相成，精全則氣全，氣全則神全。太極拳將傳統醫學的精、氣、神學說吸引到自己的體系中。楊氏太極拳說的十要之首中關於虛靈頂勁就說到，須有虛靈頂勁，氣血流通而有自然之意，否則精神不能提起也。太極拳練習對呼吸要求比較講究，典型的是氣沈丹田，要求呼吸深長的腹式呼吸而達到氣體交換的最佳狀態；此外在練習中，太極拳要求初學者從形似入手，而逐步朝神似發展等等。

武術中有內家拳和外家拳之分，而太極拳則是典型的內家拳之列。拳諺說：內練一口氣和內練精、氣、神都顯示了精、氣、神的重要性。太極拳重視內功修煉和精、氣、神是基於人體是武功的載體，武功的強弱與武功載體的強弱相關密切。

載體的強壯又可分為外部和內部，外部強壯固然重要，但更重要的是內部強壯。內功修煉的目的，就是要達到內壯並從而達到整體強壯。所以，太極拳練習是十分講究和重視精、氣、神的修煉。

5 什麼是一陰一陽之謂拳？

《太極拳圖說講義》一書有一句話叫：「一陰一陽之謂拳。」太極拳理論認為陰陽之道是拳術運動的規律，太極者，無極而生，陰陽之母也。太極拳將陰與陽統一於太極之中，而這個統一體就是太極拳，所以也將其稱為一陰一陽之謂拳。

就一陰一陽之謂拳拳諺的來源而言，中國古時的《周易》概括了陰與陽的既矛盾對立又和諧統一的規律，精練地將其稱做一陰一陽之謂道。所謂道，就是陰陽變化的規律。太極拳的整體理論體系即源於此，將道改為拳，在延續陰陽之道的理論基礎上，融合了太極拳的具體實踐，從而形成一陰一陽之謂拳的太極名言。

此外，太極拳的陰陽學說還有陰陽互根和法為陰陽的理論。所謂互根是指陰與陽的互相依存、互相制約，陳氏太極拳有陰陽互為其根、不可分為兩橛的論述。所謂法為陰陽說的是太極拳的方法、技術都遵循著一個陰陽的基礎。如太極拳諺說腳踩陰陽手畫圓，指的就是行步的陰陽虛實變化等等。

陰陽哲理在解釋太極拳拳理過程中拓展了豐富的矛盾對立統一思想，而一陰一陽之謂拳，則是太極拳理論經過高度概括的精髓。

6 什麼是太極十三劍？

和武術其他拳種相類似，太極拳同樣有徒手與器械之分。太極劍術是太極拳系列的短兵器械之一，也是最常見的太極拳器械練習套路。劍的動作輕靈柔和，姿勢舒展大方，有獨特的風格。

太極十三劍指的是劍的基本技擊原理和太極拳方法相結合的十三種使用方

法，並不是說太極拳的劍術套路只是十三個動作姿勢。

太極十三劍的使用方法是：斬、抹、崩、㓾、紮、刺、撩、豁、掠、鑽、撲、提、雲十三個運用法，並包括上、中、下即高、中、低式的身體姿勢與動作，由此而產生了各種不同風格和動作數量不一的太極劍套路。

如五〇年代的太極十三劍套路就有一百三十個動作之多，其中以刺劍動作為例，有上步提膝反刺劍、上步下刺劍、橫步刺劍、進步刺劍、蹲身刺劍、坐盤下刺劍等動作。

太極劍的套路不少，風格迥異，但萬變不離其宗，無論其套路的動作姿勢多寡，都是由太極十三劍的劍術方法結合身法、步法、手法等方法所派生的。

7　什麼是盤架子？

前人在練習太極拳時，對於太極拳的成套拳式即太極拳套路，習慣上稱其為架子。盤架子就是練習套路和打拳的意思。

太極拳的架子就同學習書法的道理相同。初學時力求形似，有了形似的功底，久而久之在神似上求發展了。任何一種拳架子都可以分為大、中、小三種姿勢來練；大架子可以練成小架子，同樣小架子也可以練成大架子。一般來講，架子是先大後小，《十三勢行功心解》說先求開展後求緊湊，就是這個道理。

對於初學者來講，盤架子可以從輕、慢、勻、圓著手，先打好基礎；在第二階段中應該從靈活、鬆靜、完整、連貫的要求靠攏，第二階段的要求已有形似的功底，第三階段就要朝神似發展了；第三階段要求盤架子能分虛實、調呼吸、用意識、求虛靜。

一般來說，架子的大小與運動量的大小有關，架子大，運動量也較大，架子小，運動量也較小，初學者自然量力而行，不要勉強。

盤架子也有其稱為推手技擊方法的練習方法，介紹得較多是拳法的運用。從普及和推廣的角度而言，更多的則是指練習套路。

8 什麼是太極拳的九訣？

前人在練習太極拳的長期實踐過程中，不斷總結和積累了太極拳的理論。其中以口訣形式所留傳於世的太極拳九訣就是典型的內容。九訣以九個口訣組成，講的基本上均是太極拳的技擊方法經驗和練習之要點，內容如下：

全體大用訣：說明了太極拳功架的練習方法，包含拳術套路技術和動作姿勢的運用方法。

十三字行功訣：講述了太極拳十三勢的方法分析。

十三字用功訣：講述了太極拳十三勢在推手中的運用。

八字法訣：講的是推手中，尤其是換手過程中的運用。

虛實訣：描述運動中虛實變化的要點。

亂環訣：解釋運動中多變的弧形運動和畫圈動作。

陰陽訣：是太極拳十三勢理論的進一步闡述和補充。

十八訣：是手法、步法與身法在推手中所處位置和方法的總結。

五字經訣：是講太極拳推手的實踐要點和方法。

太極拳九訣的內容十分豐富，可以用較大篇幅予以解釋，前人將其以口訣形式總結，既簡單又朗朗上口，為廣大太極拳愛好者容易接受和傳播。

9 什麼是太極拳傳統五要領？

傳統太極拳套路練習同樣有著與現代教學總結相類似的理論體系，其中太極拳練習五要領就是重要的組成部分。具體內容如下：

六合勁包括：擰裹、鑽翻、螺旋、崩炸、驚彈、抖擻。

十三法包括：掤捋、擠按、採挒、肘靠、進退、顧盼、定（中）、正隅、虛實、收放、吞吐、剛柔、單雙、重（輕）。

五法包括：進法、退法、顧法、盼法、定法。

八要包括：掤要撐、捋要輕、擠要橫、按要功、採要實、挒要驚、肘要衝、靠要崩。

全力法包括：前足奪後足、後足站前蹤、前後成直線、五行主力功、打人如親嘴、手到身要擁、左右一面站、單臂克雙功。

傳統五要領從動作方法、練習要點和推手技法等方面都做了一定的概括，為後人習練太極拳提供了極好的參考資料。

10 什麼是太極拳的虛與實？

太極拳拳譜說，虛實宜分清楚，一處有一處虛實，處處總有此一虛一實。可以知道，太極拳的所有動作都有虛實，虛實轉換，上下相隨。從初學時的動作虛實明顯的大虛大實，逐步發展到較難察覺的小虛小實，乃至內有虛實而不見有虛實的境界。總之，虛實在太極是必不可少的。

通常，把太極拳的虛實分為腳的虛實、手的虛實、手與足的虛實。對於雙腳的虛實要求，練習中始終有一虛一實的轉換。如雲手動作，左腳虛時，向左橫步。左腳實時，右腳抬起向左併步；就如弓步的定勢動作也有前三分之一和後三分之二的虛實之分。

手的方法較多，虛實轉換更為複雜。如攬雀尾動作，掤、捋、擠、按為一體，虛實的變幻十分講究；如動作「如封似閉」也稱作「六封四閉」，就是按虛實的四六比例變化而得名。

手與足的上下虛實更是有講究，除了在動作上有要求，而且在技擊的動作上也是必需的。如右手下捋為實，其右腳則為虛；待左手下捋為實時，其左腳則為虛；待右手上掤虛時，則右腳需為實。

太極拳練習時，虛實的掌握準確與否較為關鍵。身體的重心一移動，虛實變化隨之而來。虛實的練習可以首先從雙腳開始，因為較容易掌握；其次從雙手入門；最後才是最主要的上下相隨的手足虛實變化和配合。以腰為軸的上下相隨虛實久習久練，逐步會成為一種習慣，從而自然有了行雲流水的感覺了。

至於在太極拳中的心意與動作和技擊的虛虛實實，以及虛實與陰陽的理論關係亦很複雜，這要從太極拳的起源結合五行八卦等傳統理論來討論，以上主要談及的是太極拳技術與套路表演中的虛實變化。

11 什麼是太極拳三十七式使用法？

太極拳三十七式也是太極拳三十七個基本動作，各類各門的太極拳套路動作內容基本上由這三十七個動作組成。某個動作可能出現一次，而某一個動作可能出現多次，組成了超過三十七個動作的太極拳套路。

三十七式使用法是指定這三十七個動作用於進攻或防守的實際招法。它們是攬雀尾、單鞭、提手、白鶴亮翅、左摟膝拗步，右摟膝拗步、手揮琵琶、搬攔捶、如封似閉、十字手、抱虎歸山、肘底捶、雲手、左高探馬、分腳、左轉身蹬腳、進步栽捶、翻身蹬腿、右轉身蹬腳、雙峰貫耳、左右打虎式、野馬分鬃、左玉女穿梭、金雞獨立、左金雞獨立、右高探馬、指襠捶、上步七星、退步跨虎、轉身擺蓮腿、彎弓射虎等動作。這三十七式是楊式太極拳傳人楊澄甫在前人的基礎上所總結的動作內容。為了能對這些方法有較清楚的理解，舉例分析幾個較常見的動作的使用法。

手揮琵琶使用法：如乙方從右側朝裡打，甲右手在乙手伸直時擒黏乙的手腕，同時左手掌分開托住乙的右手肘尖，用合力鎖住乙的肘關節，更可使乙失去重心。

撇身捶使用法：如乙自身後用右手打來，甲速向右轉身右拳自上落下壓住乙手臂，隨伸左手迎面一掌。

轉身擺蓮腿使用法：如乙用右拳打來，甲用雙手，右手在前，左手在後，按乙手臂用捋法往左邊擺勁，同時飛右腿踢乙胸。

其他流派的太極拳使用法雖有相異之處，但三十七式使用法是較為人們廣泛接受的。

12 什麼是段位制太極拳套路？

武術段位制是國家武術運動管理中心制定的全民武術鍛鍊等級制度。就段位制太極拳套路而言，一段和二段的太極拳套路取材於楊式太極拳的基本動作和內容，以簡明易學、突出重點的原則編排組成。

一段的太極拳套路僅有十個動作。它們是起勢、卷肱勢、摟膝拗步、野馬分鬃、雲手、金雞獨立、蹬腳、攬雀尾、十字手、收勢。

二段的太極拳套路共有十六個動作，分兩段。第一段是起勢、左右野馬分鬃、白鶴亮翅、左右摟膝拗步、進步搬攔捶、如封似閉、單鞭、手揮琵琶；第二段是倒卷肱、左右穿梭、海底針、閃通背、雲手、左右攬雀尾、十字手、收勢。

三段太極拳套路共有二十四個動作，也就是流傳相當廣泛的二十四式簡化太極拳。它們是起勢、左右野馬分鬃、白鶴亮翅、左右摟膝拗步、手揮琵琶、左右倒卷肱、左攬雀尾、右攬雀尾、單鞭、雲手、單鞭、高探馬、右蹬腳、雙峰貫耳、轉身左蹬腳、左下勢獨立、右下勢獨立、左右穿梭、海底針、閃通臂、轉身搬攔捶、如封似閉、十字手、收勢。

我們可以看到，段位制太極拳套路都是普及型的套路，簡短而容易學會。真正達到了全民健身、方便群眾、為大眾服務的宗旨。

13 傳統太極拳與競賽太極拳的區別？

我們經常會聽到「傳統流派」一詞。太極拳流傳至今已有數百年的歷史，已有風格各異的眾多太極拳流派。最早誕生的陳式太極拳，以及衍生的楊式太極拳、吳式太極拳、武式太極拳、孫式太極拳是被世人公認為傳統五大流派。

陳式太極拳主要有兩路拳，一路老架有八十三個動作；二路炮捶有七十一個動作。特點是運動以螺旋纏絲勁為主，剛柔相濟，也稱做太極拳老架。

楊式太極拳套路有八十五個動作。特點是架勢寬大，運動平穩，也稱做大架子太極拳。以後所發展的競賽太極拳等套路，基本上以此為拳架。

吳式太極拳套路有八十五個動作，特點是架勢居中，斜中寓直，也稱做中架子太極拳。

武式太極拳套路有九十六個動作，特點是架勢小，姿勢緊湊，也稱做小架子太極拳。

孫式太極拳套路有九十七個動作，特點是活步開合，靈活多變，也稱做活步太極拳。

為能由競技比賽，來促進太極拳技術水準的提高，競賽太極拳應時而生。

競賽太極拳注意保留了傳統套路的風格、特點及技術要領，不失其傳統性；以人體的生理特點為依據，有利於身心健康的全面發展；動作有一定難度，符合體育競賽規則的要求。

從已出版的四式太極拳競賽套路可以瞭解到，楊式太極拳共有四十個動作，分為四段；陳式太極拳共有五十六個動作，分為四段；吳式太極拳共有四十五個動作，分為四段；孫式太極拳共有七十三個動作，分為六段。這些太極拳的動作有一定的難度，演練時間一般為五分鐘左右。

這四套太極拳競賽套路分別在固有傳統套路的基礎上，吸取了精華，並參閱了大量相關文獻，內容充實，風格突出，動作規範，結構嚴謹，佈局合理。更主要的是它的動作數量、內容、組別、演練時間均符合體育競技的規則要求，適合於在同等條件下的公平競爭與比賽。

14 陳式太極拳有什麼特點？

陳式太極拳始於明末清初，是由河南省溫縣陳家溝人氏陳王廷所創。陳式太極拳發展至今已形成了陳式太極拳套路、太極拳推手、太極大槍等器械的演練體系。其中太極拳套路中的第一路拳（老架）和第二路拳（炮捶）很能體現出陳式太極拳的特點。

第一路拳的動作以柔為主，以剛為輔。手法中多以掤、捋、擠、按四正的勁力為主，輔以採、挒、肘、靠的四隅手。用力方法是以纏絲勁、以柔迎剛與以柔化剛的化勁為基礎，動作以緩而穩為宜，尤其注重纏絲勁的運用與演練。

第二路拳的動作緊湊而急速，剛多柔少。手法中以採、挒、肘、靠的四隅手法動作為主，具有竄蹦跳躍和閃展騰挪的演練特點。尤其在螺旋勁方面更具一格，它在運動中旋腰轉脊、旋腕轉膀和螺旋轉膝等動作，使練習時達到一動無有不動的功效。由於陳式太極拳震腳、發勁、跳躍等特點，所以其練習時的運動量遠遠大於其他傳統的太極拳，二路炮捶更是如此。

陳式太極拳的纏絲勁是其最顯著的特點，纏絲勁按其性能可分為兩種：一種是掌心由外往裡翻的順纏絲，一般都以掤勁出現；另一種是掌心由外向內翻的逆纏絲，大多以捋勁為主，這兩種纏絲勁貫穿於太極拳演練的始終。內纏絲和外纏絲的不斷變化，形成陳式太極拳獨有的螺旋式運動，演練時只見大圈化小圈、小圈變大圈，動作變幻萬千，形成運動如纏絲、運動如抽絲的境界。

初練陳式太極拳，一開始纏絲動作可以緩慢一些，螺旋畫圈大一些。熟練之後，這種纏絲圈就越畫越小，達到有圈不見圈而似有似無的境地。

近些年來，新編陳式太極拳套路不斷湧現，這對普及陳式太極拳有著積極的作用，尤其對初習陳式太極拳者有了一個很好的由易至難、循序漸進的機會和條件。

15 楊式和吳式太極拳各有什麼特點？

楊式太極拳是太極拳五種傳統流派之一。河北永年人楊露禪於十九世紀前葉在河南溫縣陳家溝學得了架式寬大的陳式老架太極拳，楊露禪及其子孫逐漸修改了原有的陳式太極拳中的縱跳、發勁、震腳動作，而逐漸形成了楊式太極拳流派。尤其是到了楊露禪孫子楊澄甫年代，楊式太極拳被定為楊式大架子太極拳。楊澄甫中年時期尚有蹬腿發勁動作，而到了晚年，整個太極拳動作已不見一個發勁、縱跳、震腳動作了。

楊式太極拳的拳架舒展，人稱大架子太極拳，練習時身法中正，動作輕靈和順與沈著穩重兼而有之。

楊式太極拳的《太極拳說十要》概括了其特點：

①虛靈頂勁　②含胸拔背　③鬆腰　④分虛實　⑤沈肩墜肘

⑥用意不用力　⑦上下相隨　⑧內外結合　⑨相連不斷　⑩動中求靜

在相傳至今的一些太極拳套路中，要數楊澄甫的八十五勢楊式太極拳流傳最廣。六〇年代初，人民體育出版社出版了《楊式太極拳》一書，基本上都是以楊澄甫晚年的楊式太極拳拳架為藍本摹繪的。整個套路八十五個動作共分為三個段落，每段都是以十字手收勢，既可以分段練習，也可以整套路練習。整套路練習一般需要二十分鐘左右。

楊式太極拳除了拳術套路以外，楊式太極拳推手也形成了體系，有定步推手、活步推手、大捋手。此外，楊式太極拳和大杆槍等器械也是楊式太極拳系列中不可缺少的內容。

吳式太極拳是太極拳五種傳統流派之一。河北大興人全佑在北京從楊露禪處學到楊式太極拳，後又拜師楊露禪次子楊班候為師。當時，全佑學得楊式小架太極拳，並將拳傳子吳鑒泉。逐漸地傳播，吳鑒泉太極拳聞名於世，人稱其為吳式小架子太極拳，以區別於楊式大架子太極拳。

吳式太極拳的特點是，懸頂弛項、展腕轉膀、展指凸掌。尤其在做弓步時，要求兩腳尖均朝前，頭頂和後腳形成一條斜線；做馬步時，要求在左樁右柱或右柱左樁，身體重心偏向進攻的一側。在轉身轉方向時，無論是轉四十五度或一百八十度都採取全腳展轉的方法。在技擊盤手方面，強調以柔濟剛和以靜待動、以小制大和以退為進的原則。

現在流傳較廣泛的是吳鑒泉的八十四勢吳式太極拳，這是一套架勢居中、斜中寓直、柔和平緩的太極拳套路。

此外，吳式太極拳快拳也具其獨特的風格和技術要求。吳式太極拳的推手，手法端正嚴密，守靜待動，以善於化解對方對攻與力量見長。

16 武式和孫式太極拳有什麼區別？

武式太極拳是太極拳五種傳統流派之一。河北永年人武禹襄及兄弟數人都是跟楊露禪習練陳式太極拳。為深得太極拳精髓，武禹襄赴河南，在趙堡鎮隨陳青萍學得陳式小架太極拳，終成武式太極拳。

武式太極拳拳架緊小，要求出手不超過足尖，收時不緊貼於身體，左右手各管半個身體，不相逾越；步伐小巧靈活，虛實分明，邁步時足尖先著地，隨後再足跟徐徐著地；弓步前腳膝蓋不得超過腳尖，後腿不可挺直高拔等。有意思的是，五種太極拳流派中僅有武式太極拳是經過幾代外姓人而流傳於世的。

武禹襄傳拳於李亦畬，李亦畬傳至郝為真，又傳至郝月如等，所以人們也有把武式太極拳稱為郝式太極拳的。

現在尚有人相傳的是九十六勢武式太極拳。武式太極拳推手也稱打手，僅有活步推手一種，沒有其他流派太極拳所擁有的定步推手。武式推手的步法是進步三步半和退步三步半，原因是活步推手可以靈活運用，既可以練步法和身法，又可隨時變化手法，在動中發勁，始終保持中正穩定的姿勢。

孫式太極拳是太極拳五種傳統流派之一。河北完縣人孫祿堂為形意和八卦名家，後跟郝為真習太極拳，他將形意拳、八卦掌和太極拳三家之長，融會貫通，獨創了孫式太極拳。

孫式太極拳有形意拳進步必跟、退步必撤的步法特點及八卦掌擰旋敏捷的身法。每個動作轉身時，均以開與合的手法相接，所以也稱做開合活步太極拳。

現在流傳較多的是九十七勢孫式太極拳，此外，尚有較短小的孫式太極拳套路。

孫式太極拳推手獨到之處有步法中的靜步、動步，另有合步和順步，其中合步和順步均伴隨靜步和動步進行，可以說在步法方面是比較靈活而多變的。

17 爲什麼要進行太極樁練習？

人說太極拳練習是用意不用力，這是指太極拳練習中要以意識引導動作，不用拙力。實際上練習太極拳時的力，尤其是下肢腿部的支撐力是十分重要的。在太極拳練習的同時，進行太極樁功的鍛鍊，十分有助於腿部的力量和提升太極拳演練的水準。對有基礎的太極拳練習者而言，更是如此。

太極樁功是屬於靜止性的基本功訓練，好像木樁打在地面上，所以稱為樁功。它的主要作用是端正身體姿勢，加強下肢力量，培養聚神入靜和用意調息。

一般來講，太極樁有以下幾種：

鬆靜樁：自然站立，兩腳平行分開，與肩同寬，重心均在兩腳，思想集中，兩臂於胸前合抱，呼吸與神態保持自然。

調息樁：姿勢同鬆靜樁，兩手經體側緩慢上舉至肩處，吸氣；兩手掌翻轉內合體前交叉，再徐徐下落於小腹前，呼氣。

起落樁：姿勢同鬆靜樁，兩手徐徐前平舉與肩平，掌心向下，吸氣；兩腿徐徐下蹲至半馬步，或高低自我調整，呼氣。

虛實樁：姿勢同鬆靜樁，兩膝微屈，徐徐下蹲。身體重心移於一腿支撐，另一腿逐漸涵虛成左虛步；重心徐徐移至另一腿，並左右交換。

太極樁的練習方法還有一些，要指出的是練習時的運動強度和時間長短是因人而異的。比如，老年人或體弱者練習樁功，蹲得不要太低，也可以背靠牆，既安全又方便，待腿部支撐力加強後，再練習其他的太極樁功法。

18 太極拳有何健身醫療作用？

實踐證明，太極拳具有十分有效的健身醫療作用，可以從以下幾個方面予以歸納。

● **鍛鍊神經系統，提高感官功能**

練習太極拳要求心靜用意。練拳時，大腦皮質運動中樞和第二信號系統處於高度的興奮集中狀態，而皮質的其他大部分地區則處於抑制狀態，這對某些慢性病患者十分有益。因為打破了病理的興奮灶，修復和改善了高級神經中樞的功能，某些局部的病灶也就逐漸減輕或消失了。練習時的眼隨手轉和推手中的推蕩往來，有助於視神經和皮膚反應能力得到提高，使之感覺靈敏。

● **有助心血管系統健康**

練習太極拳要氣沈丹田，腹式呼吸使膈肌和腹肌收縮與舒張，促進血液循環。同時，肌肉活動使毛細血管充分開放，加速靜脈和淋巴的回流速度，改善微循環，從而減輕心臟負擔。從整體上改善心臟營養過程，有助於保持心臟、血管和淋巴系統的健康。

● **增強呼吸機能**

深長細緩的呼吸特點，對提升肺臟的通氣和換氣功能有良好作用。所以長期練習者，呼吸頻率會減少，肺活量和呼吸差會增大，從而增強呼吸機能。

●促進物質代謝

神經系統對內臟器官調節過程的改善，對腸胃也有著按摩作用，促進肝內血液循環，增強腎上腺素的分泌功能，改善體內的物質代謝。長期練習太極拳可以增進食慾，促進消化，降低膽固醇含量和軟化動脈。

●加強肌肉骨骼系統運動

太極拳動中有靜、靜中有動的弧形動作使全身各肌肉群和肌肉纖維運動加強，使之柔韌而有彈性。使關節囊和關節韌帶在肌肉的牽拉運動中得到良好鍛鍊，加強了關節的穩固性、柔韌性和靈活性。特別對老年人來說，對防止老化和保健都有良好的效果。

按照中醫的角度來說，太極拳的理論和練習對暢通經絡、刺激穴位都十分有益。不少關於太極拳保健醫療的科學論著都十分詳細地分析與討論了相關的功效和功能，有興趣者都可以參閱。

19 如何自學太極拳？

由於種種客觀因素，不少太極拳愛好者只能通過自學來練習太極拳。誠然，自學要比由教師教學困難得多，但透過一些有效的方法，同樣能掌握太極拳的技術要領和套路內容。

較多的自學者是由有圖解的太極拳書刊進行自學的。當拿起太極拳圖解的時候，可以首先將圖中自己想要學的動作姿勢記住，以明白自己是處於什麼樣的**身體**位置和動作姿勢，再看動作分解和身體各部位的運動路線。其次詳細閱讀文字說明，初步瞭解動作的過程和要領。

自學過程中，一般可以從以下幾個步驟入手：

邊看邊模仿動作。可以一手持圖或將圖解固定在一處，閱讀理解後比劃動作。如果遇到複雜動作時，可先學習下肢動作，再學習上肢動作，然後再將上下肢動作完整地結合起來。

要重視文字說明。圖解的插圖一般不可能將身體各部位的運動路線全部表示出來，所以只有詳細閱讀文字說明，圖與文的配合理解才能避免錯誤。

要前後動作銜接。當按圖解自學完一個動作或一個動作組合，要與前面所學的動作連貫起來練習。尤其要注意已定好的位置和方位，不要經常變化，初學者往往會由此影響自學效果和混淆運動方向。

要注意要領和要點。要領和要點是動作的關鍵，仔細閱讀事半功倍。

採取兩人一起學的方法。如有條件，可由一個人閱讀圖解中的文字解釋，並對照圖解檢查動作的正確與否，另一人隨文字解釋做動作，相互輪流，這樣效果較佳。

目前太極拳的錄影帶和其他ＶＣＤ也較多，自學者一般常用的方法有：

重放：將所學的動作內容按要求重放多次，達到目的。

定幀：定幀可將正常的速度以快於或慢於正常演練速度放映，以達到自學的需求。

特寫：能清晰觀察和瞭解某個動作的細節，尤其是手指和眼神方面的細微之處得到瞭解和掌握。

俯視：一般較多地是瞭解武術動作的運行路線。自學者可在動作掌握以後，再仔細檢查自己所演練的套路行走路線是否正確。

在自學中，演練時的神韻很難掌握，這要靠自學者多看多練多體會，才能逐漸悟出來。俗話說，功到自然成。

20 不同體質的人怎樣選練太極拳？

太極拳的健身養生價值已被人們廣泛地承認和接受。那麼，不同體質的人如何選練太極拳呢？這可是一個應以科學的態度來對待的問題。老弱者和健壯者的健身要求會不同，男女老少各自體質均有差異，選擇合適自己練習的太極拳，往往能得到事半功倍的效果。

有關研究報告指出：陳式太極拳演練時，每分鐘最大心率達到一百九十次以上，平均心率為一百五十次左右；楊式太極拳每分鐘最大心率為一百六十次左右，平均心率約是一百三十次；武式太極拳每分鐘心率約是一百三十次，平均心率是一百一十五次左右。

根據生理學知識，很明顯陳式太極拳已經達到大運動量強度，而楊式和武式太極拳的運動量分別與中運動強度和小運動強度相吻合。由此可見，年輕體壯者選陳式太極拳較好，中年人和體弱者應選楊式和武式太極拳為宜。當然這只是從運動強度來分析，實際情況可能還要複雜得多。同樣一套太極拳，如果在演練的時間長短、身體姿勢的高低、動作的節奏快慢等方面發生一些變化的話，那就不能以拳種和拳套來定運動強度了。

有的太極拳練習者對某一流派太極拳特別偏好，如年輕體壯者喜好運動量適中的吳式太極拳，而某些年老體弱者偏愛運動量較大的陳式太極拳等等。其實也不妨礙自己體質強弱和選拳種運動強度大小之間的關係。舉例說，楊式太極拳共有八十多個動作，全套要練二十分鐘左右。它分為三段，第一段動作較簡單，約三分鐘可以完成；第二段和第三段動作較多而複雜，每段約需八～九分鐘時間。如果練習時拳架較低，而且完成全套太極拳，那運動強度不會小。如果只練習一段，而且拳架較高，那體弱者也完全可接受。

雖說太極拳的運動量不會太大，但如果認真將陳式一路和二路一氣呵成，那也不是一般年輕體壯者所能承受的。只有透過系統訓練，具有相當技術水準和相當體能者才可完成。

總之，不同的人在參照運動強度的前提下，身體力行地選擇自己喜愛的太極拳內容進行練習，循序漸進，平穩過渡，適應運動量的大小，達到健身和養身的目的。

21 選何種太極拳套路入門練習較好？

太極拳的流傳較多，從流派繁衍出來的太極拳套路更是繁雜，套路有長有短，內容有多有少。由於各人所處的條件和環境各異，興趣愛好又不一樣，所以很難定一個尺度來講選何種太極拳練習為好。

太極拳練習的基本內容，一般包括基本功、基本動作和基本套路練習。學習太極拳很難強求一致，規定是從基本功入手，還是從套路入手，須因人制宜。因為每個人的自身條件和興趣愛好不盡相同，所處環境和學習氛圍也不一樣。

然而，無論如何解釋，最好的方法是基礎練習和套路練習兩者之間，應當是相輔相成和互相促進，才能更快更好地掌握太極拳技術和提升太極拳水準。

一般來講，初學者應從套路內容較少和動作較簡單的太極拳入門較好。傳統流派往往較難掌握。就算學會套路，但對流派特點和技術風格也是僅知皮毛。數十年經久不衰的二十四式簡化太極拳就是為初學者所編排設計的太極拳套路。簡化太極拳以楊式太極拳拳架為基礎，在動作難度方面、套路內容方面以及動作數量方面都予以簡化。

整個套路演練大約五到六分鐘之間，十分合適初學者的入門套路。如果配上音樂進行練習，更能使人在鍛鍊的同時心情愉悅。

隨著工作的節奏越來越快，越簡單易學的健身方法越受到青睞。武術段位制的太極拳套路應運而生。

如武術初段的太極拳套路僅有十個動作，可以說是人人都可以學習掌握。二段的太極拳套路有十六個動作，三段的太極拳套路就是二十四式簡化太極拳，這些套路都是初學者入門的首選內容。套路易學易練，而且操作較規範，既有技術評定考核，又有書刊錄影資料為依據。如果能在段位制考核中及格，還能獲得段位制證書，豈不是更有趣味。

當然，傳統流派太極拳也有其不同的太極拳套路。比如楊式太極拳八十五個動作，可以分為三個段落進行練習，每個段落都是以十字手動作收勢。其中第一段落也較合適初學者作為入門的套路。從普及性和廣泛性而言，段位制的太極拳套路應該是初學者最佳的入門套路了。

22 如何快速記憶太極拳動作？

與武術的其他拳種相比較，太極拳演練的時間較長，而且套路的動作也是屬於較多的。拿傳統太極拳流派的楊式太極拳來說，一般有八十五個動作；孫式太極拳有九十七個動作，有的套路甚至有一百多個動作呢。

這對學習中記憶太極拳動作帶來些難度，如果要求快速記憶動作，那更需要有一定的方法才好。

●邊練邊記動作法

當練習太極拳時，隨著練每一個動作，練習者可以背誦動作名稱。由於身體動作與記憶口誦同時進行，既容易記住動作名稱，也容易掌握動作內容。如果還有一些困難的話，可以邊聽有動作名稱提示的音樂帶，邊練動作邊記憶動作名稱。

●快速比劃動作法

所謂快速比劃動作，就是在較快的速度中比劃整套太極拳動作。此方法不求演練技巧和動作標準與否，旨在每次比劃套路兩到三遍，對記憶太極拳動作很有幫助。

●形象默念法

在安靜的前提下，閉目回憶整個太極拳套路，像過電影似的將動作一個接一個在大腦中過一遍。口中輕輕背誦動作名稱，這對強化記憶動作很有效。

●錄影定幀法

太極拳動作一般來說都比較慢，有時一個套路達到二十分鐘以上，如按正常速度來看，對快速記憶不利。錄放影機的定幀可將正常速度的太極拳動作以較快的速度放映，這樣可以快速瞭解整套動作內容與名稱。

以上這些都是在實踐中行之有效的。當然，在不同的時間、環境和條件下，還會有更多的方法會被總結出來。

23 練習太極拳有哪些注意事項？

練習太極拳的目的，基本上是為健身和養身。如果在練習時，對某些事項能加以注意，那更使練習錦上添花。

太極拳練習要求心靜體鬆，以意導氣。一般來講，選擇一個較為安靜的環境更能達到入靜的要求。如果周邊環境嘈雜，干擾練習時情緒，或注意力不集中而受到種種影響，同樣是練一套太極拳，效果會有很大差異。

太極拳練習時的呼吸是細、勻、緩、長的腹式呼吸。每次呼吸的肺活量是較大的，選擇一個空氣清新和含氧量高的地點是十分重要的。通常人們在清晨或傍晚，找一塊綠地，如公園或有綠樹的開闊地進行練習。這樣很利於人體內外的氣體交換，從而達到呼吸系統健康的要求。

如果，在空氣渾濁和廢氣較嚴重的地方練習太極拳，也許不但不能達到健身，而且身體所受到的損害更甚於一般情況。

太極拳練習要求身體放鬆，按照前人練習太極拳的經驗，應該是鬆衣寬帶，身上不應該有緊束的感覺。可能現在不那麼講究，但放鬆肢體和輕鬆頭腦對練習是有益無害的。

如果在練習前，能做一些準備活動，如鬆肩鬆腿和練練樁功與深呼吸等，更能在練習時進入狀態。

以熱身為目的的準備活動較為簡單，活動關節，拉長肌肉，可使練習時不易受傷和較順利地進入練習狀態。這樣的準備活動可因人而異，達到熱身即可。

以提升技術和素質的準備活動則需要一定修煉，這可以從太極拳基本功和基本動作入手。

基本功一般包括含鬆靜樁、調息樁、起落樁、虛實樁等，每次可選擇一到二個樁功作為準備活動。第二是行步練習，太極拳對行步要求較高，行步如貓行輕靈沈穩，有上步、退步、側步、進步、跟步等等，原則上每次練習都應有一些行步練習作為準備活動。第三是運臂練習，太極拳主要技法都是由上肢動作完成的，應當加以重視，有分靠勢、捋擠勢、摟推勢、雲手勢等等。第四是腿功，指能使下肢柔韌性和控制能力提升的各種類型壓腿、踢腿、控腿等等。基本動作指在套路中所出現的某個動作，由於該動作難度較大或需要強化等，也應當在準備活動中進行練習。

在一般情況下。如果練習者能注意到以上幾點，基本上可以放心練習，並且收效不會差。但如果是專門的要求，如太極拳專業技術的提升和以醫療為目的的練習，那就另當別論了。

24 太極拳練習時配什麼樣的音樂較好？

練習太極拳時，放一段優美的音樂，動作隨著樂曲的旋律而進行，不僅使人得到鍛鍊，而且感到心情愉悅，連周圍觀看的人也得到一種美的享受。

首先應該說，太極拳是中國傳統體育項目，具有濃郁的民族風格；其陰陽學說含有豐富的古代哲理。太極拳的動作緩慢、柔和、輕靈，整個運動是動中求靜，靜中有動。所以，圍繞這些特點，最適合太極拳的音樂是中國傳統的民族音樂。

中國傳統的民族音樂也十分豐富，我們應當選擇緩慢柔和的音樂為主，如二胡、古箏、古琴和琵琶這類的音樂。曲目的選擇也應當是各有區別，太極拳套路有長有短，音樂時間的長短要和套路演練時間基本吻合。否則，套路未完而音樂嘎然而止，或者套路已完成而音樂仍在繼續，都有大煞風景的感覺。有時在音樂和套路動作相匹配方面會產生不協調，這往往是因為注意到了音樂時間而疏忽了兩者之間的密切相配。

為此，有專門為太極拳練習相配的專用音帶問世。如簡化太極拳的專用音樂帶是較為理想的音樂，在動作白鶴亮翅、手揮琵琶等段落小節的轉換處，均有不同的樂曲替換相伴。這樣，既有的音樂豐富和美感，更能使練習者掌握自己的練習節奏與時間。有的音樂錄音帶，還伴有動作提示性口令，這更適合初學太極拳者和音樂配合尚不很熟練的練習者。

如果是單獨練習，一般以樂器獨奏為優雅。如果是集體表演，應當以協奏和合奏更恰當，否則難以烘托大場面的氣氛。打擊樂一般很少在太極拳音樂中出現，但也不能千篇一律。如果是運動強度大、竄蹦跳躍、震腳發勁俱全的陳式太極拳，音樂中配上一些打擊樂，也自有一番情趣。

25 如何掌握太極拳呼吸方法？

《太極拳論》關於呼吸的主張，有氣沈丹田、氣宜鼓蕩、氣遍全身等等之說。總之要以意行氣，用意識引導呼吸，似乎有徐徐送入腹部臍下的感覺。

通俗點談，太極拳講究的是腹式呼吸和拳勢呼吸。腹式呼吸有腹式逆呼吸和腹式順呼吸兩種，都是以意調息的深呼吸，是通過膈肌的升降運動進行的。逆呼吸時，緩緩均勻呼氣時，兩臂下落，同時臍下小腹部逐漸外突。順呼吸則相反，吸氣時小腹部微外突，而呼氣時則小腹部漸內收。這是太極拳的基礎呼吸方法，可以單獨練習，也可結合套路練習。

在套路中較多的是拳勢呼吸，即呼吸隨著套路動作的變化進行呼與吸的配合。一般地講，上肢上舉和外展時是吸氣；上肢下落和內收時是呼氣；下肢抬起和移動時是吸氣，下肢落地和定位時是呼氣。

太極拳動作緩慢，動作一起一落，呼吸也隨之變化，所以說，拳勢呼吸也是在緩慢深沈的腹式呼吸基礎上的提高。

拳勢呼吸雖然基本上貫穿了整個太極拳套路的演練過程，但也不能拘泥於此。因為太極拳動作並不是每一個都按照起落開合排列，尤其是某一個動作組合，也很難用拳勢呼吸的標準去衡量。假若實踐中呆板地套用拳勢呼吸，反而使呼吸緊張而達不到練習的目的。

所以，在太極拳套路熟練後，起吸落呼、開吸合呼的拳勢呼吸原則要使動作和呼吸自然地配合起來，達到呼吸自然，切勿勉強。腹式呼吸、拳勢呼吸要自然，從而逐漸做到深、長、細、緩、勻、柔的太極拳呼吸要求。

26 四十二式太極拳有什麼特點？

四十二式太極拳也稱做太極拳競賽套路。一九八九年，國家體委武術研究院為適應國內外武術運動的蓬勃發展，尤其是適應即將進入亞運會的武術競賽和第一屆世界錦標賽，迫切需要規範化的競賽套路，制定了這套以競賽為目的的四十二式太極拳競賽套路。同時還編製了長拳、南拳、刀術、劍術、棍術和槍術一整套系列套路。

整套太極拳共有四十二個動作，分為四段，全套演練大約需五～六分鐘。從套路的技術風格特點而言，四十二式太極拳仍以楊式太極拳的姿勢和動作為基礎，如起勢時的數個動作及收勢時的數個動作，基本上都延續了楊式太極拳的原有練習方法和特點。

在套路中間，較多地採納其他流派的太極拳動作。第二段的開合手和右單鞭動作是典型的孫式太極拳的內容；掩手肱捶和野馬分鬃則是陳式太極拳的代表動作；而斜飛式動作亦是吳式太極拳的風格之一。

為適合競賽的需要，四十二式太極拳演練具有一定的難度。如套路的第四段轉身大捋接歇步擒打接穿掌下勢到上步七星，這四個動作中有歇步和下式連續兩次下蹲，對下肢的力量和關節韌帶的柔韌性都有較高的要求。如果未經系統訓練，則很難高質量完成這一組動作。這樣的編排是較符合太極拳競技的要求。

四十二式太極拳的另一特點是考慮到左右動作的均衡性。如起勢動作為右攬雀尾，收勢動作為左攬雀尾，這在傳統太極拳套路中一般是沒有的。從整體上而言，四十二式太極拳內容充實，動作規範，結構嚴謹，佈局合理，動作數量、組別和時間都符合競賽規則的要求，這在歷次國內外的太極拳比賽中都被證實。

值得一提的是，四十二式太極拳比較適合有一定太極拳基礎的人練習。

27 四十八式太極拳有何特點？

四十八式太極拳是二十四式簡化太極拳的繼續和提升。隨著群眾性體育活動的發展，練習太極拳的人越來越多，在掌握了簡化太極拳之後，太極拳愛好者希望提高技術水準和豐富鍛鍊內容，在此基礎上，原國家體委有關部門組織編寫和出版了四十八式太極拳。

四十八式太極拳以楊式太極拳為基礎，同時吸收了其他主要流派太極拳的一些特點和練法，有著動作圓活、套路均衡的拳路風格。

四十八式太極拳動作內容充實，整個套路有四十八個動作。包括：拳、掌、勾三種手型；弓步、虛步、仆步、歇步、丁步、半馬步、獨立步等九種步型；分腳、蹬腳、拍腳、擺蓮腳四種腿法和步法。動作內容較多，但動作重複較少，一般左右各式只出現一次。

四十八式太極拳除了以楊式太極拳為基礎外，多次運用吳式、孫式等傳統套路的平圓手法，如單鞭和捋擠式中的雲轉和穿抹的動作等。在步法上，吸取了武式、孫式等傳統流派的撤步、跟步練法，增加了步法的靈活性。

四十八式太極拳比較注意動作的左右對稱。一些典型動作，如單鞭、雲手、搬攔捶等，在傳統套路偏於左式的基礎上增加了對稱的右式。在各類步型中也是如此，如總共出現的十二次虛步中，左虛步七次和右虛步五次。

雖然四十八式太極拳動作比簡化太極拳的動作多一倍，而且各種傳統流派的動作和風格也體現在套路中，但四十八式太極拳在動作選擇上儘量以人們熟悉和開展較廣的姿勢和動作為素材，對於一些難度較大的動作和陳式發勁動作都規定了不同的練法和幅度。在內容和風格上力求與簡化太極拳銜接。

簡化太極拳的全部動作，都被四十八式太極拳直接採用或稍作變化後採用。所以在掌握了簡化太極拳之後，可以比較容易地繼續學習四十八式太極拳。有人說四十八式太極拳是四十二式競賽太極拳的前身不是沒有道理的。

28 八十八式和八十五式太極拳有什麼不同？

傳統的太極拳流派楊式太極拳套路由八十五個動作組成，人們有時也將其稱為八十五式太極拳。為了適應廣大群眾健身活動的需要，在五〇年代將流傳較廣的原有太極拳套路進行了整理。尤其在六〇年代初，人民體育出版社把相關的太極拳套路彙編成《太極拳運動》（註）一書出版，八十八式太極拳就是其中的一個太極拳套路。逐漸地形成了一個二十四式簡化太極拳、四十八式綜合太極拳和八十八式太極拳等套路組成的太極拳系列，這些太極拳的技術風格和動作要求同屬於一種標準和類型。

八十八式太極拳基本上從八十五式太極拳而來，在動作數量和風格上沿襲了原有楊式的傳統。一些太極拳愛好者以為兩個套路是一回事，只是稱呼不同

（註）：繁體字版由大展出版社印行，定價二五〇元，歡迎選購。

而已。然而仔細分析，兩者之間的差異還是容易區別的。

從拳架上看，八十五式太極拳是典型的大架子太極拳，而八十八式的拳架沒有八十五式寬大。如白鶴亮翅動作架勢，八十五式明顯寬大於八十八式；單鞭動作架勢，八十五式的兩臂拉開距離也遠遠大於八十八式的姿勢，類似的動作與拳架貫穿與整個套路。

在動作運行路線方面，八十五式的上肢運行是走平圓，而八十八式是走豎圓。如攬雀尾動作接單鞭是典型的例子，其他如攬雀尾動作中的掤、捋、擠、按的手法，也清楚地交代了這一點。

在完成動作的難度方面，八十五式中的進步步法動作，重心在不後坐的前提下，前腳掌外撤，然後由後腿直接上一步。人們常把此頗有腿部力量要求和技術要求的進步稱為「硬拔跟」。八十八式的進步動作可以重心後坐，前腳掌外撤，然後後腳可先在前腳側點地後再上步。雖然看上去動作相差不大，但在練習時卻體會到八十八式的動作完成起來輕鬆和簡易得多。

在動作名稱方面，八十五式的左右分腿動作，在八十八式中分為左分腿和右分腿兩個動作；八十五式中的高探馬帶穿掌動作，在八十八式中為高探馬和左穿掌兩個動作等等。

由於兩個套路動作內容與形式相差不大，所以初練者往往會混淆。而有經驗者是較容易在技術風格與動作方面予以區分的。作為健身要求，對兩個套路可以不作細究，若要進行研究的話，必須對其來龍去脈瞭解清楚。

29 太極拳的主要步型、步法和腿法有哪些？

各種流派的太極拳對步型的要求不全然一樣，但太極拳的步型歸納起來，基本上有以下幾種：

弓步：前腿屈膝，大腿斜向地面，膝與腳尖基本呈垂直，腳尖斜朝正前方；後腿自然伸直，膝可保持弧度，腳尖斜向前，兩腳之間保持一定間隔。

虛步：後腿屈蹲，大腿斜向地面，腳跟與臀部基本垂直，腳尖斜向前；全腳掌著地，前腿稍屈，前腳掌、腳跟或全腳著地，重心偏後支撐腿。

仆步：一腿全蹲，全腳掌著地，腳尖稍外展；另一腿自然伸直於體側，貼近地面，全腳掌著地，腳尖內扣。

獨立步：支撐腿微屈站立，另一腿屈膝提起，大腿抬高與地面呈水平。全腳掌著地，後腳前腳掌著地，腳尖向前。

半馬步：前腳腳尖向前，後腳腳尖向側方，兩腳距離約兩個半腳掌，全腳掌著地，兩腿微屈，重心偏後腿。

丁步：一腿屈蹲，全腳掌著地，另一腿屈收，以前腳掌虛點地支撐腿側面的地面。

此外，還有橫襠步等等步型，常見的步法和腿法主要有以下幾種：

上步：後腿向前邁一步或前腿向前邁半步。

退步：前腳向後邁一步。

側步：兩腳朝左右平行，連續依次側移。

跟步：後腳朝前腳跟進半步。

蓋步：一腳經過另一支撐腳前方，向側方向落步。

插步：一腳經過另一支撐腳後方，向側方向落步。

碾腳：以腳跟或前腳掌為軸，前腳掌或腳跟左右碾動。

步法中，上步以腳跟先落地；退步以前腳掌先落地；注意左右腳之間的橫向間隔距離，以利重心的穩定。步法變換要輕靈沈穩，虛實分明。

蹬腳：支撐腳微屈站穩，另一隻腳屈膝抬起，小腿上擺，勾腳尖蹬腳跟，高過於腰部。

分腳：支撐腳微屈站穩，另一隻腳屈膝抬起，小腿上擺，繃腳面踢腳尖，高過於腰部。

拍腳：支撐腳微屈站穩，另一隻腳向上擺踢，繃腳面，同側手掌在額前迎拍腳面。

擺蓮腳：支撐腿微屈站穩，另一隻腳經前向外側做弧形擺動，腳面繃平，兩手掌在額前依次迎拍腳面。

各種腿法均要求支撐腿穩定，膝關節不要僵直，上體保持中正。拍腿動作時不可低頭彎腰；擺蓮腿時注意身體不要左右歪斜搖擺。

30 太極拳有哪些主要手型、手法變化？

太極拳的手型主要有以下三種：拳、掌、勾。

拳：五指卷屈、自然握攏，拇指壓在食指、中指第二指的指節上。

掌：五指微屈分開，掌心微含，虎口成弧形。

勾：五指第一指節自然捏攏，屈腕。

在練習中，各種手型都要求用力自然，切忌僵硬。握拳不要過緊；掌指不要僵直也不要鬆軟；勾手腕部保持鬆活。

值得一提的是，由於太極拳的流派風格各異，所以對拳、掌、勾的要求也有一些不同，尤其是對掌型的要求有比較明顯的差異。

陳式太極拳的掌型一般要求四指自然併攏，大拇指伸直內扣，這和陳式太極拳的手法走纏絲勁和螺旋運動有關。

吳式太極拳的掌型一般要求五指自然伸直併攏；孫式太極拳的掌型則要求五指自然分開。

太極拳的手法較多，在太極拳套路中經常出現的，一般有以下幾種：

掤：前臂成弧線，由下向前方掤架，橫於體前，掌心向內，高與肩平，力點在前臂外側。

捋：兩臂微屈，掌心斜相對，前後距離約是肘至腕部，兩掌隨腰的轉動由前向後畫弧至體側或體後。

擠：後手貼近前手的前臂內側靠腕部，兩臂同時向前擠出；擠出後兩臂撐圓，高不過肩，低不過胸，著力點在後手指和前手的前臂。

按：兩掌同時由後向前推按；按出後，手腕高不過肩，低不過胸，掌心向前；臂微屈，肘鬆沈。

沖拳：拳從腰間旋轉向前打出，拳眼向上與胸平，肘不僵直，力點在拳面。

栽拳：拳由上往下栽打；拳面向前下方，力點在拳面。

撇拳：拳從上向前撇打；拳心斜向上，高與頭平，著力點在拳背。

抱掌：兩掌心上下相對或稍錯開，在體前或體側成抱球狀，兩手在腰與肩之間，成弧型，沈肩墜肘。

推掌：掌從肩上或胸前向前推出，掌心向前，指尖向上，高不過眉，臂微屈，肘部不僵直。

穿掌：掌沿另一手臂或大腿內側伸出。

雲手：兩手在體前交叉向兩側畫立圓，兩掌在畫圓中翻轉擰裹。

採：掌由前斜向下捋帶。

挒：掌向斜外側撕打。

肘：前臂豎於體前，向外側旋轉擋打。

靠：肩、背或上臂向斜外發力。

二 太極拳基本技術問答

31 什麼是「虛靈頂勁」？

此句出自王中岳的《太極拳論》（註）中「虛領頂勁，氣沈丹田」。王宗岳原有文字釋義的，「虛領」為「虛虛領起」之義。領，動詞，意為頭頂要輕輕往上頂著，便於中樞神經安靜地提起精神來指揮動作。《十三勢行功歌》說：「滿身輕利頂頭懸」，也是指「虛領頂勁」來說的。後來楊澄甫（一八八三～一九三六年）把「領」改為「靈」字，含義是頭向上頂起時，要虛靈自然。他說：「頂勁者，頭容正直，神貫於頂也。不可用力，用力則項強，氣血不能流通，須有虛靈自然之意。」

它講究頭正、頂平、項直、頦收。如同頭頂上有繩索懸著，又如公雞鬥架時，項頸豎起的樣子。「非有虛靈頂勁，則精神不能提起也。」後來楊澄甫還

（註）：繁體字版由大展出版社印行，定價二八〇元，歡迎選購。

把虛靈頂勁作為《太極拳十要》的第一要，可見此技術要領的重要性。

通俗地說，虛靈頂勁就是指在練習太極拳時意想頭頂百會穴輕輕上提。它除了可以使頭部自然垂直，防止前俯後仰、左右歪斜外，還便於中樞神經系統更好地調節全身各個系統和器官的機能活動，高度發揮對人體平衡的控制作用。所以，虛靈頂勁作為太極拳的基本技術，是太極拳習練者必須掌握的基本技術。

32　練太極拳爲什麼要「含胸拔背」？

太極拳一般是採用腹式深呼吸的，因此胸部採用「含胸」的方式，是為了在不增加呼吸頻率情況下來加強呼吸的強度和深度，借以減輕運動中氣喘的現象。它跟採用胸式呼吸的運動專案的挺胸方式正好相反。

含胸不同於凹胸的緊張內收，含胸是胸部要有寬舒的感覺。含胸在健身方面也有重要作用。它在肩鎖關節放鬆、兩肩微向前合、兩脅微斂的姿勢下透過動作，使胸腔上下徑放長，使橫隔有下降舒展的機會。含胸不是隨著動作的變化而變動的，是固定的。一般都是胸部平正，不凹，不凸的，可以很自然地形成橫膈式深呼吸。同時由於橫膈的張縮，使腹腔和肝臟受到時緊時鬆的腹壓作用，對輸送血液和促進肝臟機能活動很有幫助。

由於胸肌上下左右地旋轉活動，使含胸在技擊上起了重要作用，凡是要運用化勁（即走勁）的手法都離不開含胸的輔助。所以《拳論》說：「兩膊相繫」，「緊要全在胸中腰間運化」。含胸即是胸部的「蓄勢」。

練拳功力加深後，以身領手，以手領身，順勢轉圈，「胸亦隨手轉圈」，這時胸肌不但起著伸縮的作用，而且有上下左右弧形旋動的作用，健身和技擊的作用也就更大了。

初學拳時，大多數人都不習慣於含胸，只有把挺胸的念頭完全打消，慢慢地在坐身的動作裡微微含胸來適應動作的需要，日久自然會越含越充分。不善於運用含胸的，容易形成凹胸、駝背的病態姿勢，這是應該注意避免的。對胸前的兩根鎖骨，要用全神貫注來固定它，加上「護腦」（即在胸肌鬆沈而外往前合，肋骨節節鬆沈情況下）的姿勢，上身身法就正而不散，身有主宰。胸的虛實管兩手，胸微內含，兩鎖骨微鬆沈，動作時左右胸肌交替變換虛實，就能夠正確有效地發揮「上下兩膊相繫」的攻防作用。

「含胸」和「拔背」是聯在一起的，能含胸就能拔背。含胸是胸部中正自然，不凹不凸，兩肩骨節微向前提，隨著動作的變化，胸肌做左右弧形下沈。拔背是當胸略內含時，背部肌肉往下鬆沈，而兩肩中間的脊骨似乎有鼓起上提、不是向後拉之意（特別是頸下脊椎第三根骨節）。

含胸的作用是為了有利於化勁，而拔背的作用則是為了有利於卷勁和放勁，所以，它們在技擊上是蓄發相變的關係。「力由脊發」，「若問此中真消息，須尋脊背骨節中」，都說明拔背在卷勁和放勁時的主要作用。

拔背活動幅度小，最多不超過三十度。活動脊柱的胸椎，能夠做到從前弓形轉向後弓形的調劑活動，使脊髓神經獲得良好的鍛鍊。

其次，是在運動時能使肩背部分的肌肉得到更多的舒展，脊椎骨有力和富於彈性。其好處有四點：

①有支援和調節體重的作用。

②在主宰於腰的前提下同腰部聯合起來帶動四肢運動，使全身「一動無有不動」。

③維持姿勢和動作的正確性以及中正不偏。

④在發勁技巧上同腰部聯合起來能起發動機的作用，使內勁起於腳跟，通於脊背，形於手指，因此說「力由脊發」，「腰脊為第一主宰」。

經絡學說的督脈下起自骶尾部中央尾骨末端長強穴，沿督脈上行至頸部背面的大椎穴，而腧穴也都在背部，腧穴是人身氣血的總匯，臟腑經氣都由輸穴而相互貫通。

太極拳重視脊背的鍛鍊，可以獲得調整陰陽、調和氣血、開通閉塞的作用，從而達到陰平陽秘（陰平指體質適宜，陽秘指官能相稱，即陰陽對立，互用並存的陰陽相對平衡），對機體消化機能、吸收機能和物質代謝等，都有顯著良好作用。

33 在太極拳練習中爲什麼要做到「沈肩墜肘」？

練太極拳時，不論是以身領手或以手領身，都是順勢轉圈，因此，首先要求手臂在伸縮轉圈時能鬆柔靈活。但是，手臂能不能鬆柔靈活，關鍵在於肩關節能不能鬆開。鬆開關節是在意識引導下，經過較為長期的鍛鍊才能逐漸做到的，運動成為習慣後，則自然能肩鬆而下沈。肩關節充分鬆沈後，全部手臂的伸縮纏繞，就能隨心所欲地如風吹楊柳，活潑而毫無停滯。

太極拳在鬆肩的前提下要求「沈肩」。沈肩墜肘也能幫助「含胸拔背」的自然形成，能「含胸拔背」才能「氣沈丹田」。

肩部的鬆沈和旋轉活動，能得到舒展肩部韌帶、肌肉並牽引背部兩側肌肉形成氣貼脊背的作用。能鬆肩，才能沈肩。初練拳時光從全身「放鬆」上著想，對肩關節也從放鬆上著想。練拳日久後懂得虛實的變換，要從「沈著」上著想；對肩關節也要從沈肩著想，使內勁由鬆柔趨於沈著，手臂極為輕靈圓活，但又極為柔軟沈重。這樣手臂就會逐漸加強「剛柔內含」、「似鬆非鬆」、富有彈性和韌性的掤勁。

掤勁的質量越高，推手時發揮黏走相生的作用越大，就容易用肘部和手掌去牽動對方的重心，在引進化勁時也不致被對方壓扁，成為引進落實，使自身處於不利地位，而是充分發揮引進落空的作用。

沈肩墜肘時要注意腋下留有餘地，約可容一拳的位置，不要將臂部夾緊貼在肋部，要「肘不貼肋」，有迴旋的餘地，並可避免失掉「鬆開我勁勿使屈」的彈性和韌性。

每勢定式時，肩要與胯成一垂直線，兩肩鬆沈並微向前合，使有氣貼脊背之意，兩肩骨節似有一線貫通，互相呼應。這樣，舒展中就有團聚之意，加強掤勁和合力作用。動作過程中不論前進後退，左旋右轉，肩與胯必須保持上下對準的垂直線，符合「立身中正」的要求。

動作時兩肩要水平齊，防止在轉動時形成兩肩一高一低，破壞身法的中正不偏。

陳、武兩式太極拳並主張兩肩有微向前合之意，以助於含胸、「氣貼脊背」和胸肌、肋骨的弧形鬆沈，兩肩的微向前合，腹部兩側腹肌的外向前合，能發揮掤勁和合力作用。

34　如何做到「舒指坐腕」？

舒指是掌指自然伸展，坐腕是腕關節向手背、虎口的一側自然屈起。掌的動作是整體動作的一部分，許多掌法都是與全身動作連成一氣的，因此舒指坐腕，實際是將周身勁力通過「其根在腳，發於腿，主宰於腰，形於手指」而合成一氣。

腕部在全身關節中最為靈活，旋轉度很大。對腕部，最應掌握的原則是「坐腕」。

一般人重視了腕的旋轉，多從鬆柔靈活上著想，而忽視了坐腕。因此，容易造成腕力軟弱，近於舞蹈式的揉腕，這樣就使內勁不易貫注到手的尖端，勢必影響到手臂掤勁的積累增長，也影響到推手時按、採、拿的運用和解脫採、拿並從而反採、反拿的作用。

「坐腕」要求在手臂伸縮纏繞過程中，腕部既不強硬，也不軟弱，而要柔活、有韌性地運轉。腕部鬆懈，連帶影響到手背缺乏掤勁，容易被對方拿住手腕，在控制對方勁路時，也必須坐腕，才能控制得住。到定式時胸部應沈著下塌而有定向，這叫做「坐腕」。「坐腕」也叫做「塌腕」。

坐腕不但與手掌動作的定向有關，而且與內勁由脊背至肩、至肘、至腕達於手尖也極有關係。坐腕可使手掌在運轉中避免內勁的斷續或丟失。

舒指坐腕，實際上就是為了習練時把周身勁力通過「起於腳，發於腿，主宰於腰」的動作過程，最後「形於手指」，從而達到完整一氣的目的。

35 如何做到「鬆腰斂臀」？

太極拳要求含胸、沈氣，因此在含胸時就必須鬆腰。鬆腰不僅幫助沈氣和下肢的穩固，更主要的是它對動作的進退旋轉、用軀幹帶動四肢的活動及動作的完整性起著主導作用。

斂臀則是在含胸拔背和鬆腰的基礎上臀部稍做內收。斂臀時，可儘量放鬆臀腰部肌肉，使臀肌向外方舒展，然後輕輕向前、向裡收斂，像用臀把握身體動作的變化、調整重心的穩定，以及對推動勁力到達肢體各部位，都起著主要作用。

太極拳對腰部的要求是鬆、沈、直。腰部要求「鬆沈」，是為了「氣沈丹田」能夠沈得充分，使得上體氣不上浮，下肢穩當有力而又轉動靈活。為了防止後背或內凹或外凸，腰部又要求直（有往上頂和拉長之意就能直，腰直就表明這一轉動的中軸不彎、不搖晃，中軸不彎、不搖晃地轉動，才能使內勁達到支撐八面的靈活功用，而不致偏向一面。偏於前後如俯仰病，偏於左右為歪斜病）。由於全身放鬆，腰以上的體重自然下沈，其重量全部由腰部來負擔，所以腰部必須豎直方能堅強有力，腰杆方能挺得起來。

勞動中的挑擔和運動專案中的舉重，都需腰杆挺直，才能發揮功效，避免震傷。

太極拳內勁的運轉要通過腰脊來帶動四肢運轉，所以武禹襄的《太極拳論》說「主宰於腰」。

腰部要像車軸（軸心）那樣地直豎、穩定、圓轉、不搖擺、不軟塌，徐徐轉動來帶動內勁和四肢如車輪般的旋轉。「車軸兩命門，一震搖又轉」是指在腰脊旋轉時，兩側腎臟也在旋轉活動，使腎臟獲得鍛鍊。

《拳論》（武禹襄的《太極拳論》）又說「腰為纛」，這也是比喻腰部須如古代軍隊的中軍大旗那樣的直豎。每勢定式時，腰和胯微微鬆沈，就有助於使動作靈活，重心穩定，使內勁通過腰軸旋轉的離心力而推動貫注於四肢尖端。腰部不放鬆，不正直，臀部就容易過於突出，尾閭也就不能正中，對「神貫頂」「力由脊發」都會發生不良影響。

《拳論》又說「命意源頭在腰隙」，「腰隙」指的是兩腎，俗稱腰眼，古人認為腎是體內氣體的源頭，所以陳鑫的《拳論》說「氣由腎發」。腎壯則精足、氣充、神清、目明、身強，所以《拳論》強調「刻刻留心在腰間」。

腰部動作對健身和技擊有極大關係，因此，初學拳時首先要注意腰部的放鬆，也要注意直和沈。

在放鬆的基礎上注意直和沈，可以避免往下硬壓和往上硬拔，以致影響腰部旋轉的靈活性。任何拳種都注意腰力的運用，腰力運用得當，可以使周身力量集中於一點。

太極拳家曾說：「掌腕肘和肩，背腰胯膝腳，上下九節勁，節節腰中發。」摔法的訣竅強調「擰腰變臉」，都說明腰在技擊性鍛鍊上是何等重要。

吳式太極拳做弓步時，雖然上身前俯，而腰和身則必須豎直，即頭頂要直貫腳跟，在無形中成一直線，這是「斜中寓直」的一種身法。

36 如何做到「圓襠鬆胯」？

「圓襠」的襠是指人體下肢兩股內側，經過腹股溝及會陰部的聯結。「圓襠」是在練習太極拳時對習練者襠部的特殊要求，即襠部要成圓拱形，不可收挾，也不可張開，應處於適當的圓撐狀態。頭頂百會穴的「虛靈頂勁」要與會陰穴（即會陰部位）上下對應，這也是保持身法端正、氣貫上下的鍛鍊方法。襠不僅要圓，還要實。胯撐開，兩膝微向裡扣，襠自圓。會陰處虛上提，襠自會實，加上腰的鬆沈、臀的收斂，自然產生襠勁。

「鬆胯」的目的也是為了更好的「圓襠」。「胯」是指骨盆與股骨的髖關節連合之處。習練太極拳，經常處於半蹲的狀態，為了保持尾閭中正、含胸拔背，就必須使胯放鬆，內收下落，才可以保持正確的身型。如果「胯」向前頂起，勢必造成胸腹部向前挺起，重心後移。不僅身體穩定性降低，動作演練起來也顯得非常僵硬，不美觀。太極拳講究「邁步如貓行」，要求步法輕靈穩健，兩腿屈曲輪換支援身體進行活動。因此，髖部關節須放鬆，膝關節須靈活，才能保證上體旋轉自如，踢腿、換步靈便。

圓襠鬆胯是太極拳走架能否做到「沈穩」的因素之一，也是體現太極拳「中正安舒」技術風格特點的重要環節。如何做到圓襠鬆胯是每一個太極拳習練者都必須注意的問題，也是在習練過程中需要細心揣摩的地方。

37 太極拳練習中如何保持「尾閭中正」？

「尾閭」指尾骶骨部位，是脊柱的最末端部分。這裡有一個生理彎曲，使其末端稍向後翹。「尾閭中正」的意思是有意識地使尾椎向內、向下垂，保持中正狀態。由於尾閭與臀部關連，因而「尾閭中正」的含義又引伸為泛指臀部不可向後撅起，應保持向內收斂的意思。因此，如要做到「斂臀」，其方法就是必須保持「尾閭中正」。

尾閭中正是關係到身體軀幹、動作姿勢能否「中正安舒」、「支撐八面」的準星。因此，習練太極拳時必須重視尾閭中正，不論是端正的或是傾斜的動作姿勢，都必須保持尾閭與脊椎成一條直線，處於中正狀態。

更重要的是，尾閭中正還影響著下盤的穩固，它同虛靈頂勁、含胸拔背、氣沈丹田、沈肩墜肘、鬆腰斂臀、圓襠鬆胯是相互關聯的，能夠統一地做到以上幾點，就可以使軀幹、上、下肢的內在勁力達到完整如一的地步。

尾閭中正這是應當注意的一個姿勢，不是一個動作。前人深怕學者在運動時胡亂扭臀或者臀部不正，使整個身體都受到不良影響，所以提出尾閭中正的要求。同時還須想到尾閭與頭頂是遙相呼應的，在運動時，一面做好「頂頭懸」，一面又能顧到尾閭中正，整個身體也就能夠保持端正了。

瞭解了什麼是尾閭中正？知曉了太極拳運動時為什麼要重視尾閭中正？那麼保持尾閭中正就非常容易了。放鬆是關鍵，留意是竅門。

38 怎樣做到「氣沈丹田」？

按照上述「尾閭中正」的練法，身法是中正不偏了，但如果沒有「含胸拔背」和「氣沈丹田」的協調動作，胸部就會直僵僵地得不到運動，腿部也只有隨著腰部的左旋右轉而左右旋轉，不能一升一降地上起下落做弧形運動。所以要用「含胸拔背」和「氣沈丹田」的練法來擴大它的活動。

「含胸」是在兩肩鬆沈下（陳式太極拳主張兩肩於鬆沈中還須微向前卷），兩肩中間的兩根鎖骨也往下鬆沈，肋骨自然也節節往下鬆沈，胸腔微向內含（但內含度不宜過大，否則成為凹胸、猴胸）。

「拔背」是兩肩中間的背脊骨，特別是從大椎算起的第三根脊骨，有微微鼓起上提之意，兩肩胛張弛靈活，這部分皮膚有繃緊的感覺，但不能練成僂背凹胸的病態姿勢，要做到氣沈丹田，首先必須使腹部放鬆。吸氣時氣往下行，意念導引氣運行到丹田（臍下三寸），呼氣時意氣放於四肢百骸。注意吸氣時一定要保持含胸拔背的姿態，這樣才能使氣不致上浮。「氣沈丹田」和「虛靈頂勁」可以形成一種對拔勁，以利於重心的穩定。

初學時不易體會「氣沈丹田」，經過一段時期腹式呼吸的鍛鍊，其中滋味就會慢慢體會到。伴隨著「氣沈丹田」還會出現「腸鳴」等現象。一般地說，做太極拳動作時，向前或向下完成動作，全身勁力集中時容易體會「氣沈丹田」，事實上動作向上向後或動作由實轉虛，就不容易體現「氣沈丹田」。

氣沈丹田不必過分強求，以免產生不良效果。只要正確按太極拳要領和方法練拳，刻刻留意「鬆靜自然」，功到自然成。

動物通常可以活到發育期的七倍，人類卻只有三、四倍，其原因就在於呼吸方式的改變。嬰兒出生前為胎息，呱呱墜地轉為腹式呼吸，學步起便轉入胸式呼吸，從而大大地限制了人的肺活量，影響了人體機能的強健度。太極拳要求氣沈丹田，採用腹式呼吸的方法，使呼吸深、長、勻、細，日漸擴大肺活量，構築了健康的根基。

39 練習太極拳時怎樣求靜？

應該說，拳術都是動功，太極拳要求練拳時的「神寂體靜」，其實就是一般人常說的「動中求靜」。這句話拳譜上沒有，它說明動是因，靜是果；動是手段，靜是目的。與拳譜上的意思一致。

如將「靜」作為練拳的要點，是將目的錯認做手段，倒置了因果關係。

實際上，不僅初學時不可能真的靜（頂多不過是隨便裝出一個靜的樣子來），就是學拳十年、二十年之後，離靜的境界也還非常遙遠。

這原因在於太極拳功夫要求太多、太細緻，不管是外形上的要求（如上下相隨、匀速等）或是內容上的要求（如鬆柔等），真要做到，很不容易。如就全身上下內外各種要求來看，更不簡單，可以說是大不易事。輕、鬆、圓、匀、完整等等，都是練拳時的必要條件，任何一項稍不得法，都影響靜境的到來。

乘過木船的人，就有一種特殊的體會，當船夫停槳休息、坐在船頭抽煙的時候，聽任木船在江心自由自在地隨水飄流，艙裡的乘客，如果不看兩岸的青山，天上的白雲，會覺得木船凝固在江心、一點也沒有動似的，靜極了。這是水的流速均勻，才出現的一種自然的靜態。一遇灘頭，水的流速變了，不勻了。或船夫又划起槳來，靜態立刻就消失了。

這就是勻與靜的關係。亦即動與靜的關係。不勻就不可能靜，然而真要做到速度均勻，特別是要上下內外全身配合均勻，哪是十年、二十年就可以做到的事？其他的要領，如鬆、圓、穩等與靜的關係也是一理。

真正的靜態，是拳理統統落實在拳架上之後、高度熟練的結果，是自然呈現出來的。

動中求靜這句話，似乎可以解釋為：長期練拳架，是為了求得自然的靜態。在運動中求靜，指意念集中在形體運動中，與此無關的任何事情都不再考慮。由於意念的高度集中，表現在外形上是一種相對的靜。

初學者雖好像安靜地在練習，由於鬆、勻等均未合度，靜的內容與上述並不相符，實際上，可以說與靜毫不相干。在鬆、勻等要領及其外在的各種功夫未達到高度熟練境界之前，靜境（自然呈現的靜態）決不會到來。

張義敬在《太極拳理傳真》講述李雅軒時有過這樣一段話：「他練拳時靜態特別突出，不僅是在內心深處有所追求、有所迷戀、有所沈醉，而且也是『神宜內斂』『默識揣摩』『神舒體靜』的最為理想的形象的注釋。他寧靜的神態富於感染力，能使觀眾氣都不敢出似的，惟恐呼吸的聲音破壞了他的靜境。」這就是很好的動中求靜的事例。

40　練太極拳怎樣達到「鬆靜」的地步？

所謂「鬆靜」，是指「內無思想之患、外無干擾之憂」。中國醫學理論說：「心藏神」，「心老君主之富，神明出焉。」「心」是指人的中樞神經系統，指大腦皮層而言，練太極拳要求「鬆靜」，就是要人在練拳時把所有與走架無關的思想雜念暫時拋開，安下心來，保持安靜的心境，使大腦皮層處於積極休息狀態，並有利於專心一意，以「心為令」去練拳。

要做到鬆靜，首先必須要鬆得徹底，鬆得乾淨。太極拳要求的放鬆，是在儘可能少用力的情況下，通過意識的作用，來逐漸達到最大限度的柔軟，是從輕走向鬆的。

有人認為鬆多了就是懈，以致不敢去追求高度的鬆；有人認為太軟了沒有什麼用處，抵擋不住大力的進攻。其實我們長期孜孜不倦的練習拳架，就是為了追求鬆柔，只有鬆得不夠和鬆得不徹底、不均勻才是不足，不存在鬆過了頭的問題。如果要在太極拳習練者中診斷拳病的話，導致太極拳水平不高或與人交手失敗的主要原因，就是習練者患的不鬆不柔的「僵硬病」。

在鬆柔的基礎上，求靜得到的就是鬆靜。鬆靜絕對不是靜止不動，它是太極拳習練者長期堅持練習的結果，它既包括了「神舒體靜」的姿態，更涵蓋了「靜中觸動動猶靜」的意思。只要太極拳習練者在長期練習過程中，持之以恆地「默識揣摩」，必然能夠達到鬆靜的地步。

41 太極拳要求「體鬆」對健身和推手有哪些好處？

體鬆是指太極拳練習者在運動時感到舒適，而旁觀者則因其動作舒鬆自然、舒展大方，而感受到美的一種姿勢。練習者造詣較深時，走架將進入一種「似鬆非鬆、將展未展」的外形舒展、內則緊湊的狀態。它一方面可調節心神，自娛自樂，一方面也給他人一種藝術感受，對健身自然有益。

當你全身心地投入太極拳的練習中，舉手投足順其自然，進退往來如行雲流水，進入一種空靈、寧靜的最佳狀態，忘掉煩惱、拋棄浮躁，與大自然暫時的融合，渾然一體，會是一種非常美妙舒暢的感覺。

有實驗證明，打太極拳能使大腦活動進入一種高度寧靜的「覺醒」狀態，一套拳練下來，清新怡人，可以提高工作效率。當你與三五拳友一起習拳時，微微出汗且不氣喘吁吁，小息之間切磋拳技，從容交談，真是一種難得的高級情感活動。

太極拳要求的體鬆在推手中好處也很多，它可以使精神集中，可達到身手輕靈自如，搭手時，不宜被對方掌握勁力所在。太極拳是練意識為主，意到氣到勁就到。只要身體上任何一部分與對方接觸，都可以化勁、發勁。

太極拳的攻防方法，主要在於全身的鬆柔與軟彈力，這種軟彈力一般人沒有，它不是由局部產生的，而是全身完整一氣、協調動作產生的。又因為這種力常為爆發力，如炸彈一般，所以威力也特別大，常能將對方打出很遠。這就是太極拳精妙之所在。

42 太極拳的「外操柔軟，內含堅剛」是如何體現的？

太極拳運動是一種剛柔相濟的運動。學習太極拳，首先就是要摧毀人們動作中原有的僵硬勁，使它化為柔軟，這是化柔的時期。這個時期越長，就越容易將僵硬勁摧毀得徹底。由於意識的引導和貫注，動作逐漸和順協調，屈伸旋轉自如，積年累月，逐漸產生出一種輕靈而又沈著的富於彈性和韌性的力量，這時就進入「由鬆入柔」的階段。再通過虛實的變換，輕靈與沈著交互的鍛鍊，加強全身各部分的彈性和韌性，手臂極為綿軟而又極為沈重，全身極為輕靈而又極為穩重，這就進入「積柔成剛」，以至「似鬆非鬆」「剛柔相濟」的階段。只有這種剛勁，才能達到「外操柔軟，內含堅剛」的要求。這時動作更為細緻，也就是肌肉放鬆和收縮更多地交叉進行的階段。

太極拳螺旋式（纏絲式）的身、手、腿同時旋轉運動時，全身各部位肌肉群總是絞來絞去交叉著一鬆一緊的（所謂「有柔有剛，剛柔相濟」）。由於放鬆的主導思想在支配著，因此，即使是絞緊的一面，肌肉也不是僵硬的，而是富於彈性和韌性的。由於太極拳的特點是「柔中寓剛」，因此，即使在「積柔成剛」的階段，也是放鬆的時間多於收縮的時間，即每勢的運轉過程是輕鬆的，到定式時是沈著的、貫勁的。

《拳論》上所說「柔過勁，剛落點」和「忽隱忽現」，正是表現太極拳運動的時間與地點的適當運用和變化靈活，即所謂「極柔軟，然後能極堅剛」。這要用意放鬆全身肌肉、皮膚、骨節和內臟器官，同時結合腹式呼吸並動作協調，才能做到的。由於太極拳的動作始終螺旋式地內外協調，使全身各部位圓活無滯，不但富於彈性和韌性的力量，還能隨時靈活地集中於某一點，從而就能發展力量和速度，能「動急則急應，動緩則緩隨」。

這種加強彈性和韌性力量能夠隨時集中於某一點的一剎那，稱作「剛」，也就是「放勁」（發勁）時的剛。在楊、武、吳、孫拳式中，到定式時才做想像式地將隱於內的全身之力聚於一點，在陳式太極拳中有許多動作則是到定式時將顯於外的全身之力聚於一點。

練太極拳進入到「剛柔相濟」「忽隱忽現」的階段，高度的放鬆和高度的集中始終是交叉著進行的。但是，即使在高度集中迅速發勁時，也須有放鬆的感覺。因此，放鬆的原則，貫穿在各式太極拳運動的始終，也是保證練好各式太極拳的基礎。這是人們把太極拳稱做「柔性武術」的由來（柔是具有彈性的，加強了軟的力量）。

43 爲什麼太極拳強調「用意不用力」？

「用意不用力」是說練拳時應當多用意識去影響動作，不要依靠多用力氣去求得效果（完全不用力，是不可能的，少用力，用巧力是可能的）。用意不用力的目的是把鍛鍊的意識放在第一位，用意識指導行動。這樣做的好處是使注意力高度集中於運動，使鍛鍊意識與鍛鍊肢體結合起來，從而給大腦皮層以良好的刺激，使大腦的運動得到有效的改善。

這對預防和治療某些神經性疾病大有好處，對於調節勞逸、保健強身也十分重要。對技擊來說，「用意不用力」的經常練習，可以使肢體感覺更加敏銳，這樣才能做到「己不動，我不動，己一動，我先動」。但在用意時應注意以下三點：

①結合動作用意

例如：做左右摟膝拗步，在未出右手推掌之前，先想推掌動作，接著便做推掌動作；在開始推掌時，便想下一個右摟膝拗步動作。這樣連綿地邊想邊做、邊做邊想，也就是把精神意識與動作結合起來了。意識與動作相結合，而動作又自然地同呼吸和勁力相結合，這時意、氣、勁三者也就合而為一了。

②結合技術用意

拳諺所說的「有人若無人，無人人打影」，前者是指與人對手，要在戰略上藐視敵人；後者那就是指走架時要結合技擊用意，如同實戰演習。這樣天天鍛鍊時能全神貫注，以意領先，根據技擊要求來指導手、臂各部位勁點的轉移。也就能使姿勢和勁路做到準確無誤，這對兼練太極拳推手的人來說是更為重要的。

③結合沈浮用意

在打太極拳入靜後，身體有明顯的沈浮感，在練拳時結合沈浮，就像在水中游泳一樣，隨波蕩漾，而又能制服波浪，這也是用意的一種方法。

「用意不用力」是用意識支配每一個動作，做到手腳、眼神、軀幹等身體各部位協調配合，達到「意動身隨」的地步，這也是太極拳運動的基本要求。

44　怎樣理解「勁斷意不斷」？

「勁斷意不斷」是指練拳初級階段所顯現的現象，如在學習架子、發勁後出現的斷勁時，就要把動作及動作的銜接或發勁的餘意接續下去，如果意念也斷了，則要運用意、勁的餘神接續下去。這就是《拳論》所說的：「勁斷意不斷，意斷神可接。」

但對於初學者來說，並不容易做到。它是指當某一種勁力完結之後，用勁的意念猶未斷絕，即不可用短促的斷勁，用勁的意念要綿長。例如，做攬雀尾動作時，當掤勁做充分後，做捋的動作，掤勁已經斷掉，但意念繼續走下去，假想向前去接對方的前臂，準備捋對方。當捋勁結束後，意念繼續下去，準備擠對方。再如，摟膝拗步之所以「勁斷意不斷」，主要指在練習太極拳時，動作和動作之間的轉換、各種勁力之間的轉換都需要保持意念的連續性。

太極拳同其他拳種一樣都研究內在的勁力，每種勁都有獨特的名稱如掤勁、黏勁、化勁、拿勁、按勁、擠勁等等。太極拳在長期堅持練習過程中，伴隨著太極拳水準的不斷提高，將會逐漸體會到各種不同的勁力。對各種勁力體會得越深，才能真正體會到「勁斷意不斷」的內涵。

45 什麼是「氣斂入骨」？

「氣」，指大腦皮質興奮或抑制所形成的氣質表現。「斂」是「深藏不露」。打太極拳要求「氣斂」，是指精神狀態要平穩、自然；把過分的興奮所形成的故作姿態、輕佻浮躁的外形表現收斂起來，不形於色。

氣勢散漫，就不會有含蓄勁產生，身法也就容易散亂。為了使「氣斂入骨」，呼吸必須通暢。吸氣為合，是為了蓄勁；呼氣為開，是為了發勁。一般來說，吸氣時很自然的就把勁給蓄起來，甚至與人交手時，能夠把人給撐起，呼氣時要能夠沈得下去，與人交手時，能夠把人放得出去。

「氣斂入骨」是意念運用氣，動作攻防意識和勁力表現都要含蓄一些，安祥、泰然，旁若無人，形體放鬆，但精神要高度集中，專心一意。「內固精神，外示安逸」，氣不浮於外而隱於內，穩重質樸，做到「人不知我，我獨知人」，這就是「氣斂入骨」追求的目標。

46　什麼是太極拳的和諧？

絕大多數的武術項目，在動作上，都講究和諧，在術語上，一般叫做內三合、外三合，總稱六合，太極拳當然也不會例外。

但太極拳所要求的和諧，必須是：全身各部位，從頭到腳都能與手所指示的動作密切配合，做到「一動無有不動」，成為完整一體的樣子。不但在動作上的進退起落、上下左右要處處互相呼應、十分和諧；同時在呼吸方面和意識方面，也要儘可能地與每一個姿勢的虛實動靜相結合。它的作用首先在使全身各部位，在每一個動作中，都能得到同時運動的機會；其次，是利用動作的完整性來促進腹式呼吸的鼓蕩作用即《拳論》所謂「氣宜鼓蕩」。

由於太極拳所要求的和諧不同於一般和諧，所以，在動作上也成為一個重要特點了。

47 爲什麼要講「上下相隨」「內外相和」？

太極拳很重視全身的協調性、完整性，即拳譜上要求的「一動無有不動」。「上下相隨」與「內外相合」就是為了這一目的而提出的口訣。

在學拳架子的時候，一手一式都應首先做到上下相隨。不是上面手在動，下面腳也在動，就上下相隨。而是每一式手腳都應同時開始動，也要求同時到達每一式的終點。

此外，如轉腰、沈氣、開襠、弓步等等，都應在此瞬間配合得恰到好處。粗看容易，但是，因為太極拳要求細緻精確，真正做到就相當困難了。

未得真傳或者粗心的習練者，每次變換腳步時，弓步完成後，手上的勁力還不能到達，或者開檔不足，這就是未能做到上下相隨，也就是不完整。像這樣練下去，就不會取得技擊功夫上的成果，到推手時，必然化勁化不好，發勁也發不出來。

至於內外相合，要在一趟拳架已學完、上下相隨已基本上做到之後，再來留意。大體說來，就是從身體的正中線開始，用思想引導，依先後次序運動各關節。做到節節貫串，動作內收、蓄勁時，要將心意都隨之收回至極小；動作外開，沈氣發勁時，心意也要與之相隨外開至於無窮大。手、腳、身的運動，要有帶動周圍的空氣至若干距離之意想。

「上下相隨，內外相合」也是在長期習練太極拳的過程中逐漸領會到的，所以初學者還是應該從鬆柔處下功夫。

48 太極拳要求的「不偏不倚」是指形還是指神？

這句話出自王宗岳的《太極拳論》，原為「不偏不倚，忽隱忽現」。它的本意是身體不可歪斜搖擺，前俯後仰。勁路的虛入要忽而隱藏、忽而顯現，做到變幻不定，使對方吃不準你的勁路變化，猜不透你的心思，找不出你的破綻，總而言之，其目的是令人感到莫測高深。這樣，在心理上占了優勢，自然有助於奪取勝利。

「不偏不倚」是以個人重心在底盤中所處的位置來衡量的——但不是絕對地始終把重心放在正中，否則就變成靜功站樁了。所以，既要做到不偏不倚，又要注意不可「過正」。由此可見不偏不倚既是指形，更是指神。

太極拳身法的中正不偏，同靜坐身法端正是一致的。保持軀幹正直，對老年人特別重要，上身前俯、頭向前傾，彎腰屈背，失去虛領頂勁，這是衰老的象徵。書畫家認為，「身正則筆正」，「筆正則字正」，因此，他們不論在工作或平時，都正襟危坐，軀幹筆挺。從前太極拳名家楊祿禪的老師陳長興，無論坐、立、行動、練拳、推手，身法總是保持中正不偏，當時人們稱他為「牌位大王」（立身如牌位般的直豎）。

但是，練拳不能沒有伸縮，身法有時也要歪斜，有時彎腰幅度極大，但只要保持上下相隨的虛實劃分和「百會、中極一氣貫通」的原則，還是許可的，這是所謂「中正之偏」，內勁仍然中正不偏。

例如，吳式的弓步動作是要求身體適當前傾的，但並不彎腰，從肩到後腳要求保持一條斜形的垂直，這時的要求是從頭到前腳要保持一條垂直線；坐身式也是要求如此，因之腰肢並不垂直，身法上顯得往後外形地垂直。這是吳式身法上與陳、楊、武、孫四式的不同之處，這是「斜中寓直」「中正之偏」的一種身法。但如果練成彎腰、軟腰就不能上下一氣貫通了，如果練成前傾過度，就不能「中正安舒」了。

49 什麼是太極拳所講的「左重則左虛，右重則右杳」？

這句話也出自王宗岳所撰寫的《太極拳論》，它高度概括了太極拳對虛實的要求。所謂「重」是指重心移動方位過於填實而產生的呆滯現象。太極拳演練或推手時所出現的偏重、雙重都是弊病，應儘量加以改正或克服。

「左重則左虛，右重則右杳」是指與人對手時，左側的肢體如微感重心過多偏移，就立即把左側肢體放鬆變虛，把勁力隱去；右側如微感重心過多偏移，就立即把右側肢體放鬆變虛，把勁力隱去，使得對手無法確切掌握你的勁力方向，更不好把握你的重心而進攻。

眾所周知，發放必須得到對手的重心實處，如得不到對手的重心實處，那就很難施力發放。因此，凡對手想要得你重心實處，你就相應地變換虛實，使對手感到發勁發到棉花堆上一樣而找不到實勁。這裡主要依靠肢體觸覺等感知的靈敏度，來作出迅速和精確的反應，使對方感到難以捉摸。

例如：對方好像能按到我的重心實處了，但真正按來時，實處不早不遲地已經變虛，這「實勁」彷彿就杳如黃鶴了。而李亦畬（一八三二～一八九二）的《五字訣》說：「左重則左虛，而右已去；右重則右虛，而左已去。」此話既本於《太極拳論》，又增添了以腰為軸、借力反攻的含義。這就在大體上相當於其他拳術所常說的「左避右趨」與「右避左趨」了。當然，在趨避的具體方法上，依然是各有特點的。

為了便於掌握虛實相生這一太極拳運動特點，須注意以下幾點：

①分清主要的三個虛實，即腳的虛實、手的虛實和一手一足的虛實。

②注意調整左手左足和右手右足的虛實，這是「上下相隨人難侵」的主要關鍵。

③要根據輕重浮沈的原則，經常檢查自己劃分虛實中的缺點。

④要做到雙輕、雙沈和半輕半重這三個無病的虛實，這要刻刻留心，久久鍛鍊才能養成。

⑤推手時不要忘卻「隅手對待隅手」的原則。四正手與四隅手要相互轉換，兩者俱練。

50 太極拳練習中爲什麼要求做到穩？

穩，意謂沈穩。指太極拳運動時，虛實分明，氣沈丹田，勁力充實，重心穩定，邁步穩健如落地生根，下盤穩固；而上肢動作緩而不僵，輕而不浮，有內涵的表現。

走架時怎樣做到「穩」？

要做到穩，非下一番功夫長期鍛鍊不可。要做到穩，有以下問題要解決好。

①下肢有勁，足掌趾如鈎，落地果斷穩實。

②動作虛實轉換得靈，前進後退均以腰為軸移動上體。

③步型、步法正確。

④掌握平衡，特別是一些獨立動作。注意兩手平衡的關係，要做到「有上必有下，有前必有後，有左必有右」。

⑤意念適當集中。如「金雞獨立」，不能光把意念集中在單側提膝挑掌上，在注意挑掌的同時還要「內視」另一掌在胯前的下按；並須將意識精神向上拔提，使「頂頭懸」與「氣沈丹田」相統一，做到「陰不離陽，陽不離陰」。這樣，運動過程就能穩定。

51　爲什麼在太極拳練習中要講究輕靈？

太極拳動作既要輕靈，又要沈著。輕是力度，靈指觸覺。不輕就很難靈，輕與鬆都是培養靈的手段。我們想知道水壺的水是不是熱了，就輕輕地伸出手指頭去探（這就是太極拳所講究的聽勁），從來不見有人鼓足了氣力，硬著手指去探水的冷熱。這個例子就說明了輕與靈的關係。

太極拳講究輕靈是指練習太極拳時要求動作輕緩，目的是使肢體更好的放鬆，以便去掉人體本身的僵勁（即不協調）。《太極拳論》講「一羽不能加，蠅蟲不能落」雖說是對太極拳習練者感覺靈敏度的要求，但更是說明了太極拳講究輕靈的重要性。

人們在剛開始學習太極拳時，最大的毛病就是動作緊張、不協調，在練習時顯得笨拙、不美觀。所以我們在學習或練習太極拳時一定從輕靈處練起，而且練習的時間越長越好，在放鬆、協調的基礎上，再練習沈著。

52 太極拳練習中如何做到連貫圓活？

太極拳從「起勢」到「收勢」不論虛實變化，姿勢轉換，都是互相銜接，連貫圓活，一氣呵成，看不出有停頓和接頭的地方，猶如行雲流水一般。整套動作練習起來，前後貫穿。整套太極拳在各個拳式之間，或者各個動作之間，都要前後銜接，不可在銜接處有顯著的停頓或者冒出斷勁的痕跡（在無形中用意識表示虛實輕重者不在此限），要使全部動作，節節貫串，綿綿不斷，如同一氣呵成一般。

例如，體操或者簡單的武術動作，都是做完一式再做一式，各式之間不相銜接，恰恰與此相反。這一特點主要是使各個式子的動作和諧連接起來，形成一種自然的節奏，來提高動作的效果。《拳論》中所說「如長江大海，滔滔不絕」，就是指這種景象而言。另外，這種有節奏的連續運動，由於動作異常細緻，還具有逐步引人入勝的濃厚趣味，可以提高練拳人的情緒，在生理上，當然也會引起良好的作用。

太極拳的動作大都走圓的曲線，包括各種的「圓」，如橢圓、半圓、大圓和小圓，練習中多種圓的特點必須分清，形成環環相套，式式相連。練習中要求拳要鬆握，掌型手指自然微屈；兩臂保持自然屈曲狀態；肩部不能聳起，兩肘微向下沈；支撐腿稍屈曲，曲中示直。

練習中避免直來直往和轉死彎拐直角的動作，又要避免故意搖擺，做到轉動圓活，輕靈順遂。動作要圓活，亦即動作要圓滿、靈活，在一連串無限延長的螺旋式弧形動作中圓滿地不凹不凸，無有缺陷，不起棱角，變動又非常輕靈活潑。圓滿靈活運用到推手上，要求達到中正不偏，不越界限，不被壓扁，走化黏依，不丟不頂，處處圓轉飽滿，輕靈活潑。這要在意識指導下，呼吸和動作非常協調熟練才能逐漸做到。太極拳家對連貫圓活是十分強調的，如「周身節節貫串，勿令絲毫間斷」「上著下著，一氣承接，勿令神氣間斷」「意氣須換得靈，乃有圓活之趣」等等。

53　太極拳動作處處呈圓弧有何效用？

一般鍛鍊身體的動作，絕大多數是走直線的，而太極拳則個個動作要走弧線，由於動作的前後連貫，弧線往還相接，自然就成為圓弧動作了。圓弧動作的好處，不但對於太極拳各運動特點的完成有著積極的作用（不走弧線是不可能做到太極拳所需要的和諧與連貫的）；同時由於動作的圓轉曲折，以及全身上下都有或大或小或明或暗的圓形動作在和諧地進行，能使肌肉、骨骼和韌帶同時得到適當而均勻的活動。所以，在鍛鍊效果上，也不是任何直線動作所能相比的。

太極拳的動作弧形，是內勁做旋繞運轉時所必須有的外形，陳鑫原來把它稱做「纏絲勁」，武禹襄把它稱做「運勁如抽絲」。這是「以心行氣」於骨膜、骨節之間，「斂入脊骨」，再運行於肌膚之上，由內及外，極為纏綿曲折，在大螺旋式和無數小螺旋式的發展路線上纏繞的進退屈伸而形成為圓弧的動作，是太極拳練法的特點所在，也是太極拳練法的精華所在。

這對氣血流轉，暢通經絡，肌膚筋骨的全面鍛鍊，從而增強體力，提高「纏繞黏隨」「引進落空」的技術起著重要作用。它要求「曲中求直」，處處是曲線，處處是直線，為曲直兩者的統一。

太極拳的圓弧運動，好比地球的公轉；在畫圓圈時內勁的旋轉，像螺絲形的纏繞進退，則好比地球的自轉。

當然，這一特點還得與太極拳運動各特點相配合，方能發揮太極拳的運動效果，否則，只不過是一般的圓弧動作罷了。

54 太極拳的架勢是否越低越好？

太極拳的架勢並不是越低越好，練習太極拳者應根據不同的目的來選擇，年齡大的人練習完全是為了追求健康，大可不必像年輕人那樣架勢低。初學太極拳的人，架勢可以高些。因為太極拳是在屈小腿的姿態下進行的緩慢運動，屬靜力性負荷的活動。

由於運動時講究虛實分清，總是交替以一腿為主支撐整個身體，股四頭肌尤其吃力，膝關節處於半屈曲狀態，伸屈頻繁，與平常走路完全不同。由於屈膝，重心降低了，單肢負重加大。如果再加一些步型步法的基礎訓練，運動量就更大。所以，很多初學太極拳的人開頭兩三個月常常因肌肉、筋腱的負荷鍛鍊而感到腿膝酸痛。每天堅持鍛鍊不輟，肌腱力量增大了，適應了這種運動量，腿膝就不再酸痛。隨著功夫加深，可適當調低運動姿勢。

太極拳架勢的高低還要視太極拳動作的技擊本意來選擇，不能為了嘩眾取寵而故意把架勢放低。

55　怎樣理解太極拳動作的「柔」？

「柔」不等於萎軟。「柔」是如棉裹鐵，棉裡藏針，飽含彈性活力。在武術中有專練剛勁的，也有先練剛勁後練柔勁的（如形意拳有明勁、暗勁和化勁的分段），太極拳則始終以鍛鍊柔勁為主，所以是一種柔性的武術。柔的好處是用力較少而不使肌肉過於緊張，從肌肉和體力來看，雖效果較小，但在運動時不致使呼吸過於急促，也不會消耗過多的體力，對身體較弱或者患病初癒的人來說，則是一種適應生理要求、不致發生弊病的保健動作。

腹、腰、背等處也必須做到無處不鬆，方為合法（下肢要承載體重，雖然不能求鬆，但也要力求自然）。這樣做首先不至於情緒上的緊張，其次可使腹式呼吸和橫隔運動不受牽制，可以發揮更大的作用。它與上面所說的柔緩兩動作相結合，成為三位一體，是太極拳一切動作的基礎動作，也是練太極拳的人所以能夠在平淡無奇的姿勢中得到健康效果的關鍵所在。

56 太極拳練習如何做到柔和緩慢？

「柔和」指走架時肢體保持鬆柔狀態，如沈肩垂肘，舒指展掌，動作柔和，不帶僵勁，內涵柔韌綿長的勁力，不剛不躁。「緩慢」是指走架時動作保持不疾不隨的一定的緩慢速度，如輕輕飄動的浮雲，如涓涓流動的溪水。「柔和緩慢」是太極拳走架在運動速度上的特殊要求，無論初學者或功夫已深的人都應該緩慢。對初學的人尤其應該強調慢一些。為什麼呢？因為初學時動作不易協調，也不易記憶；動作慢時可有一個思索的時間，邊做邊想，有利於把動作做得認真、準確，一絲不苟。

太極拳練習時要想做到柔和緩慢，首先必須在意念上要放鬆，肢體運動上力求柔軟。最好在教員的帶領下練習，這樣也利於模仿動作。同時，經過緩慢的練習，進退時下肢虛實分明，也能提高動作的協調性。在初練階段，也可選擇一些速度適中的帶口令的太極拳音樂帶，以便掌握柔和緩慢的速度節奏。

57　練太極拳是不是越慢越好？

太極拳特點之一是「緩慢」，但不是越慢越好。初學時為了把功架結構弄清楚，又在自然呼吸階段，不妨慢一些，每個動作過程都做完滿。隨著套路熟練，基本動作已經正確定型，則應有計劃地快慢相間地進行練習，即一段時間練快一些，一段時間練慢一些，但每次都要保持動作速度均勻，同一次套路練習中不可忽快忽慢。

快練的優點是可以鍛鍊靈活、明快、瀟灑、輕鬆的風格，而慢練則可以提高沈穩、紮實、協調、內勁等方面的功力。如果長期慢練，易失誤於呆滯；長期快練，易失誤於輕浮，遊滑有餘，功架基礎不足。二者必須適當兼練才能達到較佳的技術狀態。但不論快或慢，速度仍須保持均勻，把式亦必須圓滿。

練太極拳「越慢越好」是相對而言。慢應有一定的限度，這個限度就取決於拳勢呼吸的深淺。呼吸的深淺與個體肺活量之大小也是有關聯的。肺活量大，呼吸就較深長，動作也可以相應較慢。太極拳動作的緩慢不應超出拳勢呼吸的深長範圍。一個動作以數次呼吸的時間完成，故意拖延動作完成的時間，這是錯誤的。

動作緩慢時，腿部需要大力支撐，因此，緩慢的練法實際上是大運動量的練法。練過長拳多年的人學習太極拳，開頭總是感到腿力不夠，腰背酸痛。因此，對初學者，特別是體弱者來說，開頭不能強調緩慢。所謂練太極拳的初期要求越慢越好，是指練過一段時間腿力增強以後而言的。

所謂越慢越好是針對長拳類型拳種而言的，也不能像靜坐功那樣強調時間越長越好，而是應該以慢動作沒有斷續和停頓、氣勢不散漫為標準。按照前輩太極拳家的傳統練法，陳式老架太極拳練一趟為六～八分鐘，楊式大架原為八分鐘，現為十五～二十分鐘。吳式小架為十二～十五分鐘。以呼吸自然、不感覺呼吸急促為標準。如果過慢，不但呼吸和動作不易協調，不能「一氣呵成」，而且精神也不易貫注，容易形成懶散鬆懈、暮氣沈沈的狀態，動作不靈活，有呆相，因此，就不可能做到「氣勢騰挪，開合有致」了。

58　怎樣掌握太極拳動作速度？

為了更好的掌握太極拳動作速度，須注意以下幾點：

①初學時盡力求慢

初學時，為了便於檢查與糾正每個動作，必須要慢，要循序漸進地練過這一個求慢的時期，切不可性急，以免給進一步提升造成困難。

②須在精神提起與意氣靈換的情況下求慢

初學時為了檢查與糾正姿勢而不得不慢。但是正如上述，慢要有個限度，也就是說不可慢得似動似停，目定神呆，好像在那裡想什麼心思。這種慢，近於站架子的站功，不是行功所需要的。因此，慢必須在精神提起和意氣靈換的前提下求慢，這樣才不致產生滯呆和精神渙散的缺點。

③須在動作沈著和能表現出勁別情況下求快

求快同求慢一樣，也不是漫無限制地往快上走，同樣要有一個限度：雖快，但動作仍要沈著。沈著的快，是太極拳要求的快。不沈著就是病相。同時，還必須在能夠表現出勁別情況下求快，因為表現了勁，就限制了快。這樣的快，是有利無害的快，它不致浮飄不沈和勁別不分，不致失去方圓相生的功能。

④轉關處慢，轉方向時加快

上述三點說明走一趟架子時對快慢應掌握的分寸。現在再談一談每一個拳式的快慢原則。太極拳規定，凡在轉關折迭處應慢，過了轉關後運用加速勁向快上運勁，如此周而復始地進行。同時，在一趟架子中，這種快慢相間的變換，還要求達到「匀清」。這是鍛鍊入門勁別，是它由無到有、由有到強的基礎。

59　什麼是太極拳的「運動如抽絲，邁步如貓行？

「運動如抽絲，邁步如貓行」從字面上理解，就是運動時要如抽絲那樣柔韌綿長，邁步時像貓那樣輕起輕落，提步、落步都要有輕靈的感覺。

太極拳講究「用意識引導動作」，是一種「會意」的運動。只有徐緩的運動才能更好地會意，因此，太極拳運動既要像抽絲那樣徐緩，又講究速度均匀，要求保持適當的等速運動，就像抽絲那樣均匀的抽拉。如果不徐緩均匀地抽絲，絲就會拉斷。太極拳動作就不能做得勢勢相連，綿綿不斷。那麼步法必須相應地像貓邁步那樣輕靈，走架時步法輕靈，動作如絲般輕韌柔長。但「輕」不等於飄浮。「輕」是動態表現，其中蘊藏著相當分量的柔韌的勁力。「浮」則不同，是本質的飄渺無根，一觸即潰。

「運動如抽絲，邁步如貓行」的運動特徵，可以說是太極拳運動特有的演練特點。

60 太極拳為什麼強調「形如搏兔之鶻，神似捕鼠之貓」？

「形如搏兔之鶻」是指運動時身形應似在空中俯衝而下抓兔子的鷂鷹那樣蓄勁，精神高度集中，隨時準備與對手搏鬥；「神似捕鼠之貓」描述的是太極拳習練者神態應如捕鼠的貓一樣小心機敏。

太極拳強調「形如搏兔之鶻，神似捕鼠之貓」，是為了提醒練習者在練拳時時刻處於一種臨戰狀態，「練時無人似有人」也是這個道理。只有在練習過程中長期保持這種機警的狀態，才會在實戰中即刻表現出一觸即發、雷霆萬鈞之勁。

61　如何在太極拳中體現「步履薄冰」與「如臨深淵」？

對於太極拳運動的技法，太極拳的前輩們創造了很多非常形象的詞來描述，以易於太極拳習練者理解，這也可以說是中華武術文化的財富吧。「步履薄冰」與「如臨深淵」就是其中之一。

「步履薄冰」與「如臨深淵」是太極拳運動步法特點的形象描述，它形容練拳者落步時好像落在薄冰上一樣小心翼翼，並且能夠收落自如，又好像面臨萬丈深淵，精神高度集中，唯恐一步不慎，便掉下萬丈深淵。這也可以作為練拳者自我檢查或檢查別人落步好壞的評價標準之一。

步子的收放是太極拳初學者不容易掌握的地方，在習練時可以把「步履薄冰」與「如臨深淵」作為太極拳起落步的標尺，刻刻留意，時時留心，一定能夠掌握好太極拳的運動技法。

62 怎樣理解太極拳要求的「行氣如九曲珠」？

「行氣如九曲珠」這句話源自於武禹襄的《十三勢行功心解》。原句說：「行氣如九曲珠，無微不到（原註：氣遍周身之謂）；運勁如百煉剛，何堅不摧。」前一句話說的是「如何行氣」，後一句話講得是「怎樣運勁」。

太極拳運氣時，最忌諱停滯在某一處，一定要氣遍全身。練拳時，動作一起，意念就要跟上，意到氣到，好像珠走盤那樣圓滑，沒有停頓，上下左右連貫協調，處處貫注著「氣」。這同《十三勢歌》所記述的「氣遍身軀不稍滯」的道理是一致的。

三 太極推手知識問答

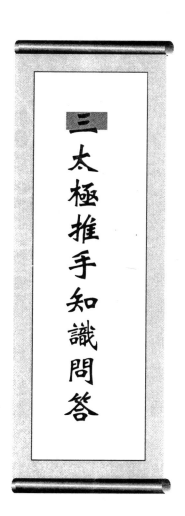

63 什麼是太極推手運動？

太極推手運動是太極拳各學派在繼承我國古代民間武術對練的實踐經驗基礎上，創新發展而成的一種獨具特色的拳術競技運動項目。它是由兩人按照拳架中的基本招法，進行配合練習或在一定規則的指導下進行競技比賽，但只限於採用武術中的採拿、擲打和摔跌中的一部分無傷害性的技擊方法，而不是踢、打、摔、拿、跌等技術的全面方法。如拳打、腳踢、反關節擒拿和一些地趟技法，尤其是嚴禁使用折骨挫筋、點穴、死拉硬拽、抓襠戳眼等毒辣手法；攻守的部位，一般只限於中路的軀幹、手臂。

其方法是運用太極拳的掤、捋、擠、按、採、挒、肘、靠八種方法；其運動形式可以以套路和對抗搏鬥的形式存在，套路可以健身娛樂，對抗搏鬥可以競技比賽。推手套路在日本作為一種比賽項目，競技推手在我國從一九七九年開始試點，經過近二十多年的發展，現在已成為武術比賽中的正式項目，每年舉行一次全國性的比賽。

在民間如河南、河北每兩年舉行一次國際太極拳年會，其中競技太極推手是比賽項目之一，並越來越受國內外武術愛好者的喜愛。

64　太極推手運動有哪些內容？

太極拳流派很多，各個學派的推手內容多少不一，方法也有所不同。大多具有各個流派自己的獨特風格，並與各自的拳架姿勢是相互統一的。傳統的推手有：單推手、原地推手、活步推手和四隅推手四大項目。其中單推手又可以分為：平圓、立圓、亂環（黏手或纏繞手）。單推手通常既可以做原地單推手，也可以做活步單推手。這是初學者入門練習的一種基礎手法之一。

原地雙推手是從雙手平圓推手入門開始練習，即俗稱「雙推磨」，由此進入到以原地四正推手為主，其間要經過按化、捋化、按捋、捋擠等多種雙手推法的專門練習，才能使四正推手具備較深厚的基本功夫。

活步推手是以四正推手為主，又可分為合步、套步與爛踩花三種。前兩種的步法與步數都有明確的規定，如「進三退三」。爛踩花顧名思義，就像「踏青」一樣，是隨意而行的，無明確的步數與步法的限制，但進退也必須是因對方的變化而變化。

四正套步推手又可分為「順套」與「拗套」兩種，拗套也叫斜套步或稱為斜步反套。四隅推手，一名「大捋」，原來只有四捋四靠一種，近人又創造了「八捋八靠」一種。新創的大捋與太極拳法並無不合，這樣也就成了傳統與創新的兩種大捋。

此外，尚有「八法推手」，即把四正、四隅推手合在一起，這也是近人本著「推陳出新」「百花齊放」的精神發展創新的。

在陳式太極拳推手中有順步推手的方法，這是其他學派所沒有的。至於「黏手」也叫「亂環」雖屬於傳統的練習方法，卻是介於推手與散手之間的一種練法。因此，有的人把它既歸入散手，又列為推手。總之它是比「大捋」的要求更高一層的推手方法，在方法上既近乎散手，又要求黏連不脫。

競技推手的內容，有基本功、基本手法、基本步法、基本組合技術，還包括技戰術訓練、心理訓練、身體素質訓練、競賽及競賽規則等。

65 如何理解「掤勁」及其要領？

掤，從字型上看，「手」「雙月」，恰似「雲手」的雙捧；而接手時雙方各出一手相承接，也宛如兩個新月，說明「掤」字兼具形聲和會意兩意。掤字原來是借用古字來作為太極拳專用的術語。掤，古讀作冰，是指圓形的箭桶蓋。《左傳》昭二十五年注：箭桶蓋可以取飲，說明就其形象來說，似有接喻之處。

在太極拳中將向上（向後、向側）向外之力稱之為掤，雙方搭手，對方進身做攻勢，一手前進我則逆對方的方向，承對方的勁力而含有向上、向外的勁力，使對方的勁力既不能達到我的胸部，又不能隨其意而下降，即所謂的掤勁。它是由長期認真的對太極拳和推手的練習，練成一種似鬆非鬆、柔中寓剛、靈活而又沈重、富於彈性和韌性的勁。具有黏、化、逼、捆的作用。要練到掤出時使對方失去平衡，而掤引來勁時自己的重心不被牽引。掤勁的弧線如（⌒）與直勁的（←）不同。太極拳是採用弧線動作來運勁的。

掤勁在推手八法中最為重要，在太極拳中也極為重要。因而放在八法之首，無論前進、後退，左轉、右旋，掤勁都不可丟。這裡應該注意有三點：

第一，掤勁是沾住對方，而不是與之相對抗。

第二，掤勁要保持自己的臂肘有一定的弧度，而不要使自己的小臂靠近胸腹，要留有餘地。

第三，掤勁要貫徹對方前進而我後退的原則，且此處的進退都是以腰腿為軸進行運動的。

這樣，使對方直來的勁力成為我動作弧線上的切線，如果對方繼續加力，其勁力將失去著力點，這會破壞對方身體的平衡，並將受到我方的支配，從而使我方處於有利位置。

66 何謂「捋勁」，其要領是什麼？

捋（讀音：呂），「捋法」是順著對方前進的方向而向自身又向兩旁（左或右）用力引帶的斜線運動。對方向我方進攻時，我沾住其腕肘，順其前進之勢領向身體左側或右側，即在對方勁力上略加向旁側小力，使對方身體受到更大的旁側方向的合力，叫「捋勁」，捋勁是掤勁的反面。

「捋勁」是一種常用的化勁，目的在於使對方進擊或還擊落空，並使對方身體向我身體的左方或右方傾斜，乘其不穩而加力於對方身體上。這就很容易收到以小力勝大力的效果。

凡是用意念貫注於自己手臂的任何部位，黏貼住對方臂部做螺旋式的畫弧向後或左或右或下地捋化來勁，引進對方使之落空，使其身體立身不穩或失去平衡，都是捋勁的作用。捋勁的功夫越高深，則捋法的威力也就越大。如果說掤勁要練到「揮之便去，不得不去」的威力，那麼捋勁就要練成「引之便來，不得不來」的威力。

捋勁的關鍵有五點：

第一，要注意順著對方的勁力而動，只要略微改變方向即可。

第二，要轉腰坐胯、含胸拔背而不得僵滯。

第三，一定要注意控制住對方的腕肘，以防止對方因受捋勁而肩擊胯打我方。

第四，在把對方捋引到自己身體的左側或右側時，手必須要掤住對方的來勁，並注意捋引時自己的手臂勿貼著自己的身體，「肘不貼肋」，使自己的手臂留有迴旋的餘地。同時肘尖不可移向身後，以免被對方所逼而不能出勁還擊。

第五，還須注意「肘不離肋」，即進攻或引化時都須沈肘，不論肘尖距身

猛，如用不得其法，易被對方借勢。所以用時應多加注意。

除此之外，肘勁還體現在用肘沈帶對方，形成牽引的勁力。例如：我方一手採拿住對方的手腕，另一手用前臂近肘部向外切截住對方上臂的近肘部位，壓滾（內旋或外旋）以控制對方的勁路，趁勢用肘勁捋化或向前下方發勁將對方擊出。

70　推手中如何運用「靠勁」？

凡是用身軀某一部位以抖勁的震彈力擊人，均稱之為靠勁。靠勁如同象棋中的將帥親自出馬，八面威風，氣勢逼人；也有因左或右的某一手臂出隅，而另一手臂來不及支援，失勢、不得已時，才運用身法以肩靠擊之。

靠勁是以肩（其他部位亦可）靠人之胸口或腹部。肩靠有前肩、側肩、後肩之別。使用靠勁時必須做到：

一是，靠出去時，重心不偏於一邊，發勁著力點應在對方正胸，而不可偏於對方適於轉向的一側。否則我方極易失勢落空。

二是，肩靠時須襠勁下沈，身體中正，前肩、側肩靠出時，肩部不可超出膝尖。

三是，用靠勁須在與對方身體貼近之際，用崩炸勁靠出去。就像爆破山丘一樣，大有崩塌之勢。

四是，用靠以順步較為得勢，在步法上不論採用插逼或封套，步子要深入並貼緊對方，立身務須中正，做到肩胯相合，上下相隨，兩肩平沈。切忌斜著肩膀遠距離向對方撞去，不然，很容易被對方引進落空，而失勢跌倒。

五是，在推手中發靠勁，距離要適中，既不可遠，也不可等到貼住身體才開始發勁。否則，勁路易被堵塞，發勁效果欠佳，反易被對方所控制。

除了肩靠以外，尚有「七寸靠」，當被捋前傾失勢時，隨即乘勢進步插襠，俯身用肩挑對方下腹以仰跌之；還有「背折靠」，乃是躍起轉折身軀以背擊出，這是遭遇被採要勁時，為了順應要勁而給之，在給的過程中背轉身軀，為自然解脫被採局勢。同時，還可得到攻擊的機會，在衝擊中突然轉折發勁，是一招兩用，所以稱之為背折靠勁。

71　擠法的要領與用法？

●**擠法的要領**

用技法要橫排，先化後擠，擠要近身，上下相隨，與其他招式密切配合。

●**技法的用法**

用技法時必須要近身，才能充分發揮兩手、兩肘和腰腿、背臂之勁，這是一種上下肢合力。當發力時，不論使用長勁、短勁，都應貫以沈勁黏勁。正面發勁時應上下肢配合，上步要深，搶中門，在前腳落地踏實的同時，已經使對方擠彈而出，應做到手到腳到，上下相隨。

●**擠靠可以破捋**

被捋者既要捨己從人，又要有知道捨人從己之處。如被捋者覺得其手加重，便可以趁機使用靠法；或覺得其捋勁忽有斷續，則可以放棄其一邊，從而使用擠法，這是破解捋法的常用方法。

● **捋擠兼用**

凡用捋法不能得手，遇到對方在中途向後抽身，或對方順勢用擠法、靠法向我攻來時，我可以趁其進退之勢，化開後使兩手相合，進之以擠手，或以擠還擠，或以擠破靠。由於這種方法較為得力順手，但我不可硬抗，只許順勢用靠。

● **擠肘並用**

擠，有排擠的意思，即用後手的掌根，合在前手的脈門上，向前使用合力擠出。在使用擠法時，兩臂要略呈橫行，肘關節要大於九十度，但動作要圓滿，要沈肩墜肘，萬不可為肘聳肩，這樣擠勁不實，易被對方化掉。擠要橫臂，其中暗含有肘法，變化一下，如屈肘，便可以使用橫肘、挑肘。

72 如何運用「按勁」？

按法可以分為單按與雙按，即是用一隻手或兩隻手向下或向前按出。「按在腰攻」，按是要折腰，猶如一張弓，以腰為主力，兩手起到支撐作用。猶如推車，非要用腰腿勁，否則就無法得力。推按時要注意虛領頂勁，含胸拔背，上下相隨，力要專注一方，要用腰勁帶動全身。使全身「一動無有不動」，上下內外，使精、氣、神相合，從而表現全身使用的「整勁」。因此，「按推須勁整」。

四正推手通常的次序是掤、捋、按、擠，若按動作分析，在使用按法之前還有一個向下沈化的動作，然後從下向前上推按出去。因此，也有人把它稱為掤、捋、化、按、擠五種方法，使之與五行相合，來進行解釋說明。

按前有一化，這是按法的重要組成部分，其中也含有「意欲向上，先向下」的意思。雖然在此之前的捋法，已具有回收之意，而此時的身體已經轉向一邊，故只能從其一側進攻。為了化解對方的擠勁，就必須向一側斜轉，而後帶化，並順起來勢，須由帶到沈，化開其擠、捌連用的兩勁，然後才能轉腕按出。若在按前沒有一化，那就會與對方的擠勁相頂抗。

在使用按時，不論是單按還是雙按，可以發兩種或兩種以上的長勁或短勁，或一長一短，先把對方打散或打直，然後再將對方發出，使其效果更加明顯。

73 什麼叫「化勁」？如何運用？

所謂「化勁」，是從推手練習的過程中，通過沾、黏、連、隨，不丟不頂、捨己從人等技藝練出來的柔化勁，其作用是將對方來勁引到利於我而不利於對方的方向，並使對方下盤不穩，陷於背勢。

化勁由黏勁和走勁而成，隨感隨化。不論前進、後退、左顧、右盼，都要做到相互協調配合。化的要點，全在我順而人背。

很多朋友初學推手，不會化勁，對方來勁了，只會直線後退，是一個方向，所以很難輕易化掉對方的來力。經過一段時間的訓練後，腰胯可以退中帶轉，可將對方來勁化為二，由直線變為平面上的曲線。然後，再進一步，腰胯沈中帶轉，同時加之少許的退，將來力化為三，由平面變為「渾圓的立體」，這樣更有利於化解對方勁力。化勁的運用，要注意多方向分化對方的來力。

推手方法中廣泛使用轉動、滾動和凸凹的虛實變化。轉動和滾動是圓弧運動，使對方的支點（著力點）沿圓弧軌跡轉移；凸凹變化實際是直線運動，使對方支點（著力點）作直線後退。兩者都是使對方進攻的勁力落空，從而遇勁即化，或轉滾，或進退。

轉動是身體或手臂先順轉以化解敵勁，然後迅速逆轉以擊敵身。當對方用大力作用於我身時，只要支點（著力點）不落在通過重心的中垂線上，就可以用腰做轉動，化除對方的勁力而保持自身的平衡。由於我身體的轉動，支點

（著力點）必隨對方的勁力在空間內位移，而不能直接作用於我的重心。

滾動也是通過圓弧運動來化解對方勁力，當對方的力作用於我身時，我只要順對方的勁而滾動，就能順勢化解對方勁力。假設對方以大力作用於我手臂時，我即用相應的肩、肘、腕等關節為軸，順應對方勁力微作滾卷，使其支點（著力點）的位置改變。此時，對方的支點（著力點）落空，其身體則因慣性繼續前移，重心移動，從而化解掉對方的勁力。支點（著力點）的改變，除利用圓弧變化外，還可以利用直線的圓弧變化。此種應用主要是對方的支點（著力點）在我重心的垂直線上，先含胸拔背，沈腰坐胯，使其支點（著力點）微向後移，卸掉來勁後，迅速向對方發動攻擊。

另外，在重心垂直線以外的作用力，也可以同樣的方法對待。因此，只要對方的勁力挨到我的身體，我身體上的受力部位，特別是腰胯部位，應立即隨其速度做圓周運動，或左右水平旋轉，或上下垂直滾卷；先順其勁力以接定對方的勁力，隨即轉移其支點（著力點）與力的作用方向，化解掉對方的勁力。

最後，化勁除運用上述各項原則外，還要注意一點，就是對方進攻到我的何處，則何處運動，動要活，主要是用意走勁。比如對方打到我肩我意在肘，打到肘我意又回到肩，這樣循環無端的變著，即叫做「以意化勁」。

74 如何理解「聽勁」？

「聽勁」是太極拳推手專用術語。聽之謂權，即權其輕重的意思，在太極推手中為偵察敵情。聽之於心，凝之於耳，行之於氣，運之於手，所以我們說：以心行氣，以意導氣，以氣運身，聽而後發。聽勁要準確靈敏，隨其伸而就其屈，乃能進退自如，都是以聽勁為基礎的。

聽勁是太極推手以柔克剛和「四兩撥千斤」的關鍵。由於推手是雙方搭手接觸，所以相互用力雙方都會感覺到，聽勁是對對方攻擊勁路的反應，其實質是對對方攻擊的判斷。彼我雙方搭手，對方欲發勁將我擊出，而我方要防守反擊，必須對其攻擊做出準確的判斷，要判斷對方使用什麼著法、發力大小、方向、在我身上的支點及其後續的勁路等。

推手的聽勁是一種技能的反應，是一種對策，即對付對手攻擊的對策反應，這種反應非常迅捷，它是集聽勁、化勁和發勁於一體，其時機稍縱即逝，這在太極拳經典中稱為「神之使也」。

聽勁是感覺和反應的結合，感覺是廣義的，不僅指推手雙方搭手接觸的感覺，除觸覺之外，還包括視覺、聽覺和嗅覺。推手時進攻者的面部神態（眼神、表情）屬於視覺前兆，勁路調整（肌肉由鬆弛變為緊張）屬於觸覺前兆，而身體調整（動作變化）既是視覺前兆，又是觸覺前兆。

推手中攻擊者總是力圖不暴露前兆給對方，但這是不可能的，因為被攻擊者也察覺對方攻擊前兆。

所以，聽勁水準的高低將同時決定化勁和反擊等後續動作的發揮。這就是太極拳經典中「人不知我、我獨知人」。

75　怎樣把握「聽勁」？

聽勁的實質是瞭解對方的攻擊意圖，以瓦解其攻擊勢頭或取勝對方。概括起來主要是聽對方勁的三個要素的變化情況，一是支點（著力點），二是勁的大小、剛柔、虛實，三是勁的方向和路線。

聽勁必須嚴格遵守沾、黏、連、隨這推手的「四要」。其關鍵在於心靜、氣斂、腰鬆、步穩，全身肌肉、關節鬆沈，而不要有絲毫拙勁呆力。這樣才能通過逐步鍛鍊，使全身感覺和反應日趨敏銳，達到微感即知的地步。

用現代體育科學的話來講，聽勁大體上相當於放鬆訓練、感覺訓練和反應訓練的綜合訓練方法。

如果把推手比做戰爭，「聽勁就是偵察」。偵察就必須與對方有所接觸。儘管強調偵察，但又只能是微沾對方皮膚的接觸，以瞭解對方的虛實，同時又不能全力以赴，將自己完全暴露給對方。因此，必須用「沾」，而不允許用力過大，發生頂撞；也不要用力過小，凹扁而失去掤勁，給對方敞開門戶，造成自己被動。因此沾著對方，就是開始對其動態的偵察與瞭解，亦即開始聽勁。並應貫徹於推手的始終，儘量掌握全過程。

在用沾的同時，要如膠一樣黏住對方，不即不離，防止對方突然襲擊，即所謂「黏」。

對待對手的動作，要因對手所動而動，隨屈就伸。首先把自己安排穩當，在八面支撐和八面轉換中，仔細體驗對方一舉一動，摸清對方動作意圖和規律，即所謂「連」。

若能正確判斷和掌握對方運動規律、動作意圖，則對方任何破壞我平衡的動作，我都能及時調整，並採取正確的對策，即所謂「隨」。

沾、黏、連、隨都不能「丟」，也不能「抗」。「丟」是離開對方，失去接觸，也就不能確切地瞭解對方的意圖，從而有受到對方突然打擊的可能性，同時自己的動作也失去針對性，變成盲動。「抗」是嚴重的頂撞，根本不去瞭解客觀實際情況，不知對方虛實變化，僅用大力頂抗拒敵，只能是蠻幹妄動。

76 如何理解並牽動「四兩撥千斤」？

「四兩撥千斤」是太極拳順勢借力的一種形象化、藝術性的比喻，順勢借力是符合力學中合力、重心、槓杆、慣性等基本原理的，並不是什麼神秘的東西。順勢，就是順應對方之勢；借力，主要就是利用合力、重心、槓杆和慣性等原理，順著對方勁力的方向隨機乘勢及時加力，達到以對方的力為主，加上我的小力，使其傾斜或受挫。

「四兩撥千斤」雖然僅是一種形象化比喻，但卻富含深邃的哲理。我們應從三方面去理解。

一是打個比方說，我們把對方比做是一塊巨石，它在屹立不動時，任何人也無法輕易推動它，然則一旦它的重心極度偏移於底盤的一側時，這時只要有四兩外力就足以使它倒下，這就叫「四兩撥千斤」。

二是太極推手致力於「四兩撥千斤」，以弱勝強，以小勝大，以靜禦動，以柔克剛，但並非全然無力，只不過是所用之力小於對方。這樣，不僅可以保持自己進退旋轉的餘地，而且可以在最敏感的狀態下去探究對方勁力的大小、方向和作用點。「四兩撥千斤」還說明要用小力去轉移大力，這裡包括使對方的勁力作用於其自身，或者使對方的勁力在我手臂、身體的旋轉滾捲之中失去支點，而不能作用於我身（同時我可透過旋轉滾捲把力再還加於對方身上），進而破壞對方身體的平衡。

三是更重要的一點，為了充分發揮「四兩撥千斤」的威力，我們需要具備一千斤零四兩的實力，只是在實際運用中不需要用全力而已；但在機會來臨時，我則當機立斷，當發則迅猛而發，猶如山洪爆發，果斷將對方發出，形成摧枯拉朽之勢，從而取勝對方。

77 什麼是太極推手中的「雙重」？

「雙重」一詞出於《太極拳論》：「偏沈則隨，雙重則滯。每見數年純功，不能運化者，率皆自為人制，雙重之病未悟耳！」其意是：對方用勁，我相應地把自己的勁偏沈一端，不與對方的勢力相頂抗，這樣就能保持勁路的相隨。反之，如我也以重力相抵抗，那便形成雙重，這時勁路發生重滯而停頓，太極推手運動中兩力相抗相頂，或者與此方向相反而原理相同的硬拉、硬拖，即兩重力相頂，這就叫雙重。

雙重是太極推手之大忌，如要想學好推手，就必須克服雙重的毛病。否則即使練一輩子推手，都會受人所制。

雙重簡單的說就是一側手腳上下同實，即為前手前腳全實，或後手後腳全實，前面雙重必出頂勁，後面雙重必出丟勁。一般解釋雙重，說是馬步兩腳同時用力，其重心在兩腿間，是太極拳推手之大忌，其實不然。也有人說，雙方交手力量相當，便為雙重。這個說法雖合《拳論》「人剛我柔的原則」，不出頂勁。卻不知，如直線柔退，豈不成了後面的雙重，而出丟勁？為做到不犯雙重，不丟不頂，全在周身上下相隨的螺旋運動，變化方向、時間要恰到好處，無過不及。

手實腳虛也就是彼剛我柔，避免雙重。如楊式的「左摟膝拗步」，左腳在前，成左弓步；左手摟，右手推。上下左右交錯運動，使手腳配合，而不致雙重。再如楊式的「攬雀尾」中的前按時，雙手雖同時前按，但兩手有側重，偏重後腳的手，這樣就可以避免雙重之病。

78 如何理解推手中的「進退顧盼定」？

太極推手中的進退應屬於步法，顧盼應屬於眼法，而定應屬於身法。

步法的進退必須走弧線，這是由腳尖內扣或外擺而形成的，絕不能走直線進退。進退是步法的統稱。步法其實不只進退兩種，還有上步、蓋步、插步、擊步、跳步、跨步、撤步、繞步、墊步等。步法要輕靈沈穩，邁步如貓行，落地生根，手到腳到，發人才妙。

眼是傳達信號的器官，又是指揮全身動作的先行。因此，眼應該注意目標的所在，然後身步手法隨之運動。如果要變換身步手法的方向，應首先以眼所注視的方向為準。眼應平視目標，不可偏高或偏低，如果向某一方向轉身進步，眼光應轉向某方。眼注視的目標為點，點的內外為面。面的界限約為一百五十度，《太極拳論》所說的「左顧右盼」，顧的就是點，為實；盼的就是面，為虛。因此，左顧的同時，也要又有右盼。顧盼不但是為了指揮自己的技術動作，而且是為了觀察對方的動向，以便於因對方的變化而變化。同時，也應觀察到自己所處的地形和周圍環境的情況。

定，中定。它是身法，一是指身體在運動中旋轉換勁，來維持重心的平衡；二是指在靜態時的身法中正安舒，不偏不倚，呼吸自然，以便於調節氣血，使之暢通。

79 太極拳套路與推手有何關係？

太極拳套路與推手兩者是相輔相成，又是相互補充的。太極拳套路也稱為走架。一般認為：走架是體，是基礎；而推手是用，是應用。雖然兩者都體現著太極拳中的技擊意義，但兩者是經過提煉昇華的，走架不僅只限於個人的練習，而且在一定程度上受到套路格局的影響限制。

推手是對抗性運動項目，它雖然難以全面發揮太極拳中的全部技擊內容，但它畢竟具備了因敵變化的實際內容，從而為太極散手創造條件。如果只會走架而不會推手，那要把太極拳作為一種拳術就不妥，而只能是一種健身術，太極拳術中搏鬥技藝就失去了意義；相反，如果只學推手，不練套路走架，那就像高樓大廈沒有根基，這樣的房屋就不牢固穩定。

因此，太極拳套路與推手是基礎與應用的關係，拳套可以健身養身，而推手即可檢驗拳套是否正確，形成因對手變化而變化的應變能力，制約與反制約，控制與反控制。也有人認為：「走架套路是知己的功夫，推手是知人的功夫」。這是借用《孫子兵法》的「知己知彼，百戰不殆」，說明走架與推手的關係，但這樣解釋終究是比較牽強的。

雖然只練走架是無法「知人」的，但「知己」的功夫也一定是有限的；而推手雖能「知人」，卻也包含著知己的功夫。然而要達到《太極拳論》中所說「人不知我，我獨知人」的造詣，那對走架與推手兩者的勤苦練習，無疑是缺一不可的「兩條腿」。練習套路時，要體會「無人似有人」；推手時，要體會「有人似無人」。

80 如何理解太極拳推手比賽中的「頂牛」現象？

太極拳推手比賽是按「黏連黏隨」「剛柔相濟」的原則，採用掤、捋、擠、按、採、挒、肘、靠的技術，按體重分級別在六公尺直徑的圈中分兩局、每局三分鐘進行比賽的。

太極拳推手作為一種比賽專案，要競爭，就要抗，就要頂。由於雙方技術、力量、體力、經驗等實力相當，彼此對抗時，就會出現雙方「頂牛」現象，這也是等待機會。頂是為了不頂，頂是為了「引蛇出洞」，引出對方的勁，使其引進落空。

比賽中的「頂牛」現象是比賽的產物，也可以說是一種正常現象，這在一九九二年、一九九三年，分別在山東濟南、浙江杭州舉行的兩屆全國太極拳推手觀摩交流大會上，得到認可。

太極拳推手比賽中的「頂牛」現象，有別於太極推手場下交流的「頂牛」現象。它們的目的不一樣，前者是為了比賽勝利，後者是為了技術交流。在太極拳與推手技術交流中，主要對技術、技法、戰術及功法的交流學習，不宜出現雙方硬力相抗「頂牛」現象，這樣有失太極拳推手輕靈圓活的運動特點，及推手中的「以柔克剛」「引進落空」的技擊原則，不利於推手技術的發展，這是各派太極拳家之大忌。

81 太極推手與中國跤有何區別？

首先，它們的文化底蘊不同。太極推手屬於太極拳系列內容，太極拳的理論基礎源自古典唯物哲學陰陽學說和中醫基礎理論的經絡學說。《太極拳論》中「太極者，無極而生，陰陽之母也」「無過不及」「不偏不倚」「中正安舒」「陰不離陽，陽不離陰，陰陽相濟」等句，來源於一七五七年出版於江西的《周子全書》。

太極拳推手十三勢：掤、捋、擠、按、採、挒、肘、靠（簡稱八法）、進、退、顧、盼、定，與陰陽八卦五行學說相配。太極推手戰術戰略思想是，「以靜制動」「後發先制」「避實擊虛」「欲前先後，欲左先右，欲上先下」，均來源於中國古代兵法，有根可尋。

摔跤，尤其是中國跤，屬於武術「踢打摔拿」四大技法的一種，也屬於中國傳統體育項目中的一種單列項目，是中國傳統文化的一部分，但其理論較太極拳推手的理論為零散，不夠系統。因此，太極推手的文化底蘊較摔跤深厚。

其次，它們的技術側重不同。太極推手的技術以太極十三勢為主要內容，技術概念較模糊，欠準確精確。如掤在手臂，無具體力點方向。太極推手的步法按十三勢講只有進退，在實際的推手中不止這兩種，如滑步、跟步、跳步等，這些分類不如摔跤清楚細膩。

摔跤身著跤衣，手腳並用。其主要手法有底手、上手、捅手、撳手、耘手、扽手、掖手、散手、撕手、挒手、借手、繞手、引手等；主要跤絆有揣、入、崩、攔踢、倒腳、勾、彈擰、纏刁、別膝、切、裡刀、耙、掛腿、跪腿、撮窩、摟、抱腰、管、掰等方法。

太極推手的勁發放，是一種彈簧勁，較突然，被發者有被為彈而出的感覺，其後勁較長。跤的發勁，是通過手腳技術來完成，不如推手來得突然。大部分練習太極推手者，有太極拳器械基礎，太極推手除了對抗比賽，還有太極推手套路，可用來鍛鍊身體及表演，因此深受廣大中老年朋友的歡迎。

再次，它們的競賽規則有所不同。雖然太極拳推手與中國跤都屬對抗性項目，但它們的規則要求不一樣，各有各的競賽規則。如參加太極拳推手比賽，要先進行太極拳套路的考核，合格後方可參加正式比賽；比賽中禁止腳絆、摟抱、跪等方法。摔跤判分輸贏較推手簡單，使用相應的技法，先倒地者為輸；而太極推手有牽動分、出圈分、先後倒地分、倒地分等。

82 如何觀賞太極拳推手比賽？

太極拳推手比賽自一九八九年歸於太極拳系列比賽，一九九四年被列為全國武術太極拳錦標賽，至今每年舉行一次。如何進行太極拳推手比賽的觀摩學習呢？

首先，瞭解太極推手比賽的規則。知道太極推手使用的技法，如何判罰得分，如出界、先後倒地、勸告、牽動為一分；警告一次對方得二分；一方倒地，站立者得三分；使對方出圈倒地得四分。目前比賽規則採用原國家體委審定的《一九九四年太極推手競賽規則》。

其次，觀摩運動員的技術風格及戰術運用。每個隊每名運動員都有自己技術特點，是進身技術，還是外圍技術，擅使手還是腳；功力類型等。在雙方實力相當時，戰術運用得當，就可能是取勝的關鍵，以小勝大、以弱勝強就成為可能。

再次，觀摩運動員的意志品質。一個優秀的運動員，應具有吃苦、拼搏、恭敬之心。在競賽場上頑強拼搏，只要有百分之一的希望，就要做百分之百的努力，輸技不輸人，克己克人，勝不驕，敗不餒。

太極推手比賽的觀摩，主要是以規則為準繩，內行看門道，外行看熱鬧。

四 太極劍基本技術問答

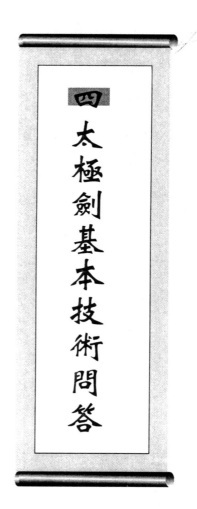

83 太極劍的運動特點？

太極劍的運動特點兼有太極拳及劍術的運動特點，動作柔和、緩慢輕靈，姿勢舒展大氣，勁力剛柔相濟；劍法有刺、撩、點、截、格、洗、劈、掛等，輕巧靈活，吞吐自如，輕快瀟灑。

雖然各式太極劍的內容、風格不同，但具有以下共同的運動特點：

①神舒體靜、內外相合

太極拳與太極劍一樣，具有心靜體鬆、神態自然、一意運身、重意不重力的特點。在姿勢形態上要求立身中正安舒、頭懸頸項、沈肩墜肘、含胸拔背、鬆腰斂臀；動作中要求意念引導、精神集中、動中求靜、氣沈丹田、呼吸自然，並與動作相配合。

②輕靈沈著、剛柔相濟

太極劍要求邁步如貓行，運勁如抽絲，在意念的引導下強調勁力的內在表現，含而不露、柔中寓剛、剛柔相濟、輕靈沈穩。一些太極劍有明顯的發勁、加速和跳躍動作，如陳式太極劍中的「夜叉探海」「餓虎撲食」等動作均為發力動作，四十二式太極劍中的「左右雲抹」為加速動作，「野馬跳澗」為跳躍動作。遇此動作要剛中有柔，腰腿發力，轉接柔順，從而避免生硬的拙力。

③連貫圓活、連綿不斷

太極劍的動作連綿柔緩，節奏平穩，運轉圓活，動靜相合。其風格動靜分明、節奏強烈，這與其他劍術的陽剛之美迥然不同。

④劍法清楚、身劍協調

太極劍與其他劍術相同，要求劍法清楚、力點準確、動作規範，要準確地表現出各種劍法的攻防含義。不僅如此，它還要求具備姿勢優美、瀟灑飄逸、蓄發相間、靈活多變的特色。在演練中做到身與劍合，劍與神合，從而使精神、身體與各種劍法協調一致，體現「物我相合、天人合一」的道法真諦。

84 劍有哪些結構及各部名稱？

中國古劍長短輕重不一，有巨劍、長劍、短劍、小劍之分。現代劍的長度，一般以反手自然垂臂持劍，其劍尖高不過頭，低不過耳為準。重量約為〇・五～一千克。劍的結構古今大致相同，可分為劍身和劍把兩段。由以下各部分組成（圖1）：

①劍刃——劍身兩側鋒利的薄刃。

②劍尖——劍身鋒銳的尖端。

③劍脊——劍把上長軸隆起的部位。

④劍柄——劍把上貼手的部位，又稱劍莖。

⑤劍格——劍柄與劍身相隔的突出處，又稱護

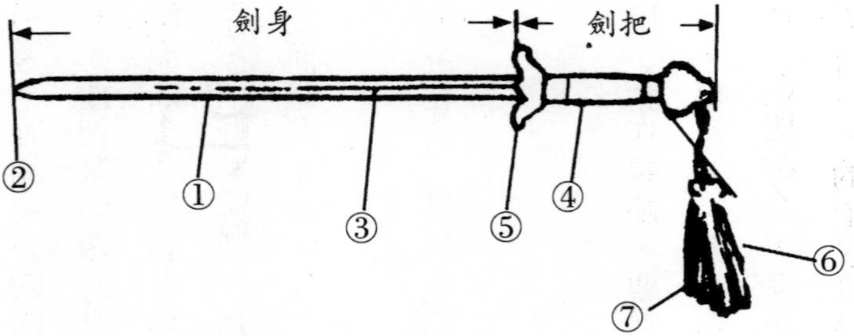

圖1　劍的結構

手。

⑥劍首——劍柄後端的突出部，多成凸行，又稱劍墩。

⑦劍穗——附在劍手上的絲織的穗子，又稱劍袍。

85 劍的基本握法和劍指？

握劍的方法稱為握法或把法。正確的握法不僅是準確表現劍法的先決條件，而且也是技術熟練的重要標誌。初學者往往握劍比較僵硬，劍在手中不能靈活運轉，致使劍法表現不清楚，力點不準確。

隨著不同劍法的需要，握劍的方法，主要有以下七種：

①平握——五個手指平卷握劍（圖2）。一般多用於劈劍、崩劍、托架

圖2

劍、推劍等。

②直握——五個手指螺旋行卷握（圖3）。一般多用於刺劍、掃劍等。

③鉗握——大拇指、食指與虎口鉗夾，起支點固定作用，其餘三指鬆握（圖4）。一般多用於帶劍、抽劍、雲劍、掛劍、腕花等。

④提握——手部腕關節屈提、大拇指與食指下壓，其餘三指上勾（圖5）。一般多用於點劍、提劍。

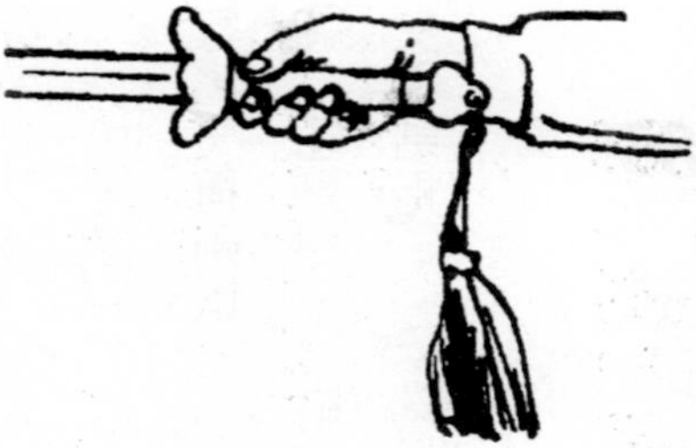
圖 3

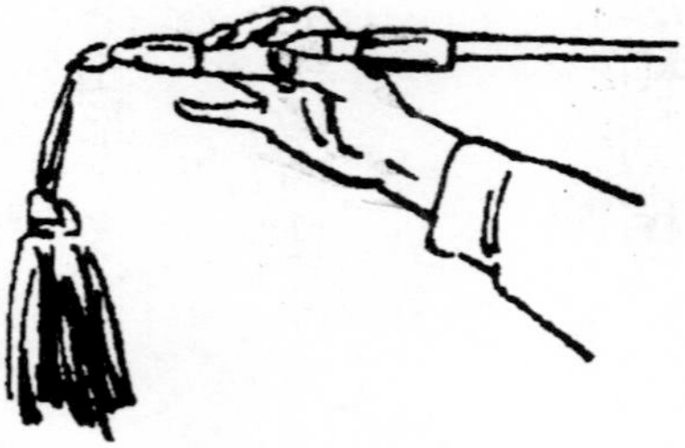
圖 4

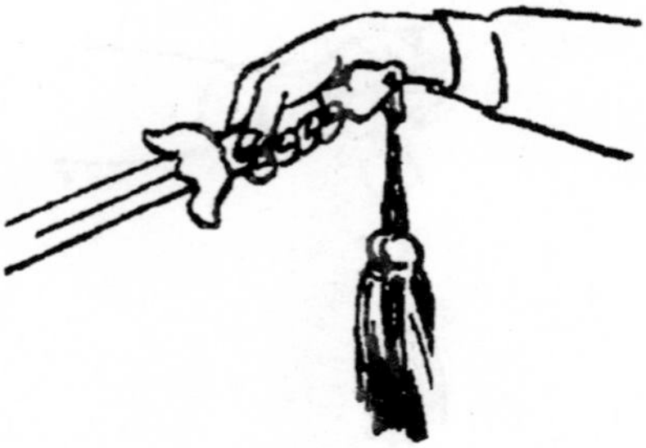
圖 5

圖6

圖7

⑤反握——手臂向內向裡旋轉，手心向外，大拇指支架於劍柄的下方，向上用力；中指、無名指、小指向下勾壓（圖6）。一般多用於撩劍、反刺劍、探刺劍等。

⑥墊握——食指伸直，墊在護手下面以助力和控制劍的方向，大拇指也伸直，其餘三指屈握（圖7）。一般多用於絞劍、削劍、擊劍等。

⑦反手握——持劍使劍身貼於左前臂後方，左手食指貼於劍柄，指尖指向

圖8

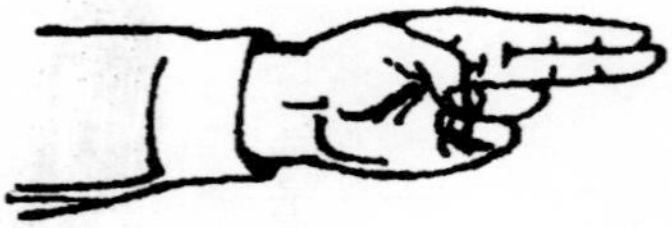

圖9

劍首，其餘四指扣握於護手（圖8）。多用於太極劍的起、收勢持劍，在反手的劍術練習中，也多用於此方法。

在劍術的練習中，不持劍的手要捏成「劍指」，古稱之為「劍訣」「戟指」。

劍指的握法是食指、中指併攏伸直，其餘三指屈握掌心，大拇指壓在無名指前端的指骨上（圖9）。

劍指運用得合理得當，與劍法相應配合，可以達到助勢助力、平衡動作、優美動作造型作用，從而大大增強太極劍術技法技巧的表現和神采。

86 太極劍有哪些基本劍法？

太極劍的劍法十分豐富，其動作名稱不完全統一，但它們都是以擊、刺、格、洗四類劍法為母劍。

所謂擊法，是指用劍刃的前端（劍鋒）去點啄、敲擊，如點劍、崩劍、擊劍等劍法；刺法是指由手臂的屈伸，用劍尖進攻對方，如各種方向或方式的刺劍；格法是指由劍刃的滑動或劍的揮擺，其著力點形成一條直線或弧線，如帶、抹、抽、撩、削等劍法。現將基本常用的太極劍法介紹如下：

①**刺劍**——以劍尖直對對方，手臂由屈到伸，與劍成一條直線，力達劍尖。持劍手心向上、向前平刺出為平刺劍；持劍虎口向上，劍成立劍為立刺劍。

②**劈劍**——立劍由上向下用力，力點作用於劍身，手臂與劍成一直線，

掄劍時劍沿著身體左右兩側畫繞一立圓，然後再向下劈。

③**點劍**——立劍用劍尖向前下捉腕點啄，手臂自然伸直，力達劍尖。

④**崩劍**——立劍用劍尖自下向前上、手腕下沈點啄，力達劍尖。

⑤**掛劍**——劍成立劍，手腕要扣，劍尖從前向下、向後，經過身體兩側成立圓掛出，力達劍身的前部平面，用來格開對方的進攻。劍緊貼身體。

⑥**撩劍**——立劍由後向前上方撩出，力達劍的前部。正撩劍，前臂外旋，手心朝上，劍貼身向前上弧線撩出；反撩劍，前臂內旋，其他均與正撩劍要求相同。

⑦**攔劍**——立劍斜向前上方托架，力點在劍刃的中後部。用以攔截對方的進攻。

⑧**雲劍**——平劍在頭前上方或頭頂做平圓繞環，用來撥開對方的進攻，力點在劍刃上。

⑨**抹劍**——平劍由左向右或由右向左領帶，弧形抽回，高度在胸腹之間，力達劍刃。

⑩截劍——立劍或平劍切斷和阻截對方的進攻，力在劍刃。

⑪絞劍——平劍使劍尖按著順時針或逆時針方向畫立圓，其勁是個螺旋力，猶如鏍絲釘的螺紋一樣。

⑫帶劍——平劍由前向側後方抽回，力點在劍身的劍刃上滑動。

⑬抽劍——立劍由前向後上方或後下方抽回，力點在劍身的劍刃上滑動。

⑭掃劍——平劍由左向右揮擺手臂與劍成一條直線，力點在劍刃。

⑮架劍——立劍向上托舉，高過頭部，用來格擋對方劈擊進攻，力點在劍刃上。

⑯挑劍——立劍使劍尖由下向上挑起，力點在劍刃前端。

⑰壓劍——平劍由右上向下按壓，力點在劍身平面的中後部。

⑱削劍——自左下方向右上方斜擊出，手心斜向上，劍尖略高於頭，發勁時要轉、要抖腕，力達劍身的前部。

⑲推劍——劍身豎直或橫平，由內向外推出，力達劍刃的後部。常用於雙方器械接觸時，將對方推擊出去。

⑳腕花——以腕關節為軸，使劍在臂的內側或外側繞立圓。主要使手腕靈活，可配合點、崩、撩、截等劍法使用。

87 初學者如何練好太極劍？

第一、先練習基本功

瞭解基本步型步法、身型身法與手法與眼法。步型主要包括弓步、馬步、虛步、仆步、歇步五種，還有獨立步；步法主要包括上步、退步、撤步、蓋步、插步、躍步。步型步法要狠抓。身型要中正安舒，無論「中定」，還是在運動中保持姿態優美，自然為主，重心不偏不倚，斜中寓正；身法要圓活多變，屈伸自如。

太極劍的手法即為劍法，是指通過上肢的運轉，來表現各種劍法，它是表現劍法的直接環節。劍法要分清，不要把「點」劍做成「劈」劍，一切劍法的招勢變換，都要求手法鬆順靈活，路線清晰，力點準確，同時表現出沈肩、垂肘、活腕等太極拳的要領。

在劍術練習中，劍指的運用具有十分重要的作用，它可以助勢助力，維持平衡，從而提高造型的美感和穩定性。眼法是表達神意的窗口，俗話說「眼是心靈的窗戶」，是觀變、應變的先行，又是意領神聚、寧靜自然、大度從容的體現。

手法的訓練是太極劍練習的基礎，步法和身法是練好太極劍的關鍵。太極劍的起落、進退、走轉、跳躍、平衡都有賴於步法的靈活、樁步的穩定和腿法的柔韌。而劍法的表現和變化、勁力的蓄發和開合，以及要將腰背之力傳於劍的各個部位，則全有賴於身法的運用。尤其是在擰轉、仰俯、屈伸等身法變化中，保持中正安然、斜中寓正，更加需要紮實的基本身型身法的訓練。只有意到、眼到、手到、劍到，眼法與劍法密切配合，才能表現出太極劍以意領劍、勢動神隨的神韻。

第二、端正學習態度，循序漸進

初學者，首先應該端正自己的學習態度，明確目標，然後再從簡到繁、從易到難，一招一勢的力求準確，手眼身法步和各種劍法都要概念清楚，符合一切規範要求，不可以貪多求快，知其然而不知其所以然，以致形成錯誤定型，從而造成「學拳容易改拳難」。因此，學習太極劍應先求姿勢的正確，後求進度，要遵守循序漸進的原則。

第三、擇師學藝、勤思苦練

要想學好技藝，好的老師或好的教材也很重要，這樣可以少走彎路。教師「授業解惑也」，他會為初學者指點迷津，「名師出高徒」，因此投訪「名」師，也是成才關鍵之一。一切有志於探索太極劍真諦的有志之士，都要堅持勤思苦練的學習精神。

勤思就是善於動腦，善於學習，不斷地提高技藝，開發思路，並及時地總結經驗，吸取他人之長，補己之短，揚長避短，探索和把握太極劍的運動規律。苦練就是反覆的練習實踐，持之以恆，要有活到老、學到老、練到老、終身學習的思想。

88 太極劍要求動作到位與動作連貫是否矛盾？

太極劍動作到位與動作連貫是不矛盾的。

要求動作到位是要強調動作規範準確，其外型要標準。如「弓步劈劍」，下肢的步型為弓步，就按弓步的要求前腿弓後腿撐，膝關節不可超過腳尖，兩腳之間橫向距離約為自己一個肩寬（或十～三十公分），劈劍（立劍由上向下劈擊，力達劍身）劍法要正確。

動作舒展大方，姿勢優美。動作連貫是強調太極劍在運動中「勢」的不斷，也就是前一個動作的結束，恰好是後一個動作開始，承上啟下。整個劍勢連綿不斷，猶如長江之水，滔滔不絕，氣勢磅礴。

在太極劍運動中既要動作到位，又要動作連貫。初學者開始練習時可能會動作到位，而不連貫，也就是勁斷了，但要勁斷意連，待招熟後，動作既要到位又要連貫。但兩者並不矛盾，而是太極劍練習階段的不同表現而已。對初學者來說，動作到位就是求型時期，而動作連貫是在定型後的招法熟練。從美學角度來說，是靜態中的「造型美」與動態中的「招勢美」的表現。

89 太極劍中的平衡動作如何做到穩定美觀？

太極劍中的平衡動作有很多，如三十二式太極劍中的「獨立反刺」「獨立掄劈」；吳式太極劍中的「七星式」「魁星提筆」「左右臥魚」；陳式太極劍中的「夜叉探海」；武當太極劍中的「回身點劍」「分腳領劍」「獨立上刺」；太極劍競賽套路中「提膝劈劍」「提膝上刺」「分腳後點」「蹬腳架劍」等，這些動作如何做到穩定美觀，可以從以下幾個方面著手。

①下肢的力量，是影響動作穩定的因素之一。平衡動作都是在單腿支撐的情況下完成的，這對腿部力量的要求非常高。因此，在平時練習時，要加強腿

部的力量練習，如單腿的蹲起練習，或負重槓鈴深蹲練習。

②動作幅度，是影響動作美觀因素之一。動作要美觀，也就是要求動作的幅度要大、舒展，舒展是要求肢體的關節肌肉柔韌性要好，這樣做出來的動作既舒展又大方，如「分腳後點」「蹬腳架劍」「分腳領劍」等，這些動作對腿部的柔韌性要求較高，分腳或蹬腳至少要過腰，柔韌性好的可以過肩。這些可用正壓腿、側壓腿、耗腿、正踢腿、側踢腿等方法來練習。

③平衡動作要做到穩定美觀，還要做到劍指與劍、上肢與下肢、上下肢與軀幹配合，這樣就可以做到外型的造型美。除了外型的造型美，還要做到神態美，只有內外相合才能達到觀其型傳其神的效果。

90　太極劍演練時如何做到「身械協調」？

「身械協調」實質上是指上肢不拿劍的手（劍指）與劍、下肢腿腳（步法）與劍法、腰背與劍法的緊密配合。

劍指與劍的配合

一是有利於身體四肢在運動中的協調；二是有助於維持運動中的平衡或使技術動作造型優美；三是有助於劍法力量在運動中的發揮。這是劍與手配合的三點原則。

如三十二式太極劍中的「獨立掄劈」，左手劍指的運動和持劍的右手相互配合。當右手持劍掄臂向上舉起時，左手的劍指向下、向後，與右手畫弧線交叉；當右手持劍向下方劈擊時，左手劍指從後向上畫弧到頭側上方。雙手一上一下、一前一後地對稱交叉畫立圓。

步法與劍法的配合

無論是進步還是退步要輕靈沈穩，各種步法都要與相應的劍法密切配合，步到劍到，上下協調一體，劍勢連綿不斷，猶如長江之水，滔滔不絕。

如武當太極劍中的「蓋步按劍」的要領，轉身蓋步的同時，右手持劍繞一個腕花，整個動作以腰、腕為軸，這明顯是身械協調一致的表現。

身法與劍法的配合

身法是劍法體現的關鍵，腰為主宰，是中樞環節，腰動才有身法，以身法帶劍法，內催外引。如「左右帶劍」，整個動作要在腰的轉動下完成，要與上下肢動作協調配合，劍向左，腰也向左，劍向右，腰也向右。

「身械協調」就是武術中常講的「手、眼、身、法（劍法）、步」的高度協調統一。

91　太極劍有哪些代表性套路？

太極劍是太極拳門派的一種短器械，也是劍術中的一種。它隨著太極拳的發展而不斷地發展。太極拳在社會上廣泛流傳的主要有五大派，陳、楊、武、吳、孫均有自己的太極劍。有著書立說，並被廣泛傳習的主要代表套路有：

楊式太極劍，是陳微明先生所著，動作共計五十三勢；陳式太極劍，是闞桂香女士所著，動作共計五十八勢；吳式太極劍，是吳圖南先生所著，動作共計一百二十八勢；武當太極劍，是李天驥先生在傳統太極劍和武當劍的基礎上改編的劍術套路，動作共計四十九勢。

為了太極劍運動的普及，和初學者的入門學習，原國家體育運動委員會運動司於一九五七年創編了三十二式太極劍。它取材於楊式太極劍，從中選取了具有代表性的三十二個技術動作。為了競賽的需要，又創編了四十二式太極劍，適合國際或國內大型比賽。

一九九七年中國武協為了實行「中國武術段位制」，又創編十八式太極劍，是中國武術段位制「三段」的技術考核內容，三十二式太極劍是中國武術段位制「四段」的技術考核內容，四十二式太極劍是中國武術段位制「五段」的技術考核內容。

92 太極劍步法與劍法怎樣做到「上下相隨」？

太極劍的各種劍法，都是在動態中完成，這就要求上肢持劍手與步法密切配合，也就是要做到「上下相隨」。

①劍引步隨

太極劍中有時是要求劍先行而後步隨，也就是以上引下，從而達到上下相隨目的。如上步絞劍，右手持劍按逆時針螺旋前進，一步一劍，劍就是起了「劍引步隨」的作用。「跳步平刺」的右腳落步與前刺，要上引下落。

②步行劍隨

「千里之行始於足下」。步帶身、身帶劍，以下催上，步到劍到。如「丁步回抽」，先左腳後撤，然後撤右腳，成丁步的同時，再回抽劍，這樣做到下上相隨；「馬步推劍」，先左腳向左後方撤步，以前腳掌擦地撤回半步，同時右手持劍回收到右腹前，最後右腳向右前方，並使右腳尖內扣，同時將右手的劍推出。總之，下肢腳步總比上肢手略先行或略先到，腳比手略快半拍。

③活腰變換

腰部是連接上下肢的中樞環節，腰不活，其勁力就很難傳到劍上，劍勢就不圓滑，而容易斷勁。若下肢的勁傳不到上肢的劍上，則上肢劍勢就要飄，無力無點。因此，在做各種劍法時，除了要注意上下肢的配合，還要注意腰與上下肢配合，腰活劍勢就輕靈圓活，又氣勢沈穩。

93 太極劍有哪些主要身法要求？

太極劍的身法要求和太極拳的身法要求一樣，主要就是對頭、肩肘、胸背、腰襠、膝腳等部位的要求。

①頭部的要求

「虛領頂勁」就是在練劍時，頭部要正直，不可前俯後仰，也不可左右歪斜，搖頭晃腦更不可以，下巴要微內收，猶如頭上頂著一碗水，或者有一根繩子提著，下頂上懸。這樣有利於對全身的中正安舒起提挈作用，從而顯得精神振作、穩健含蓄。要注意，在頂勁時要自然，要若有若無，不可以硬往上頂，以頭頸能左右自然轉動為度。

②肩肘部的要求

即為「沈肩墜肘」，肩關節是上肢的根節，要鬆沈靈活，提沈旋轉自如。萬萬不可聳肩，也不可向後伸張或前扣。聳肩不利於氣向下沈，動作不穩。肘部要下墜，手臂自然屈曲，不可僵直。如果肘部外翻懸起，則肩部就不能下沈；肘部僵硬，則氣血就不通暢，勁力不順達。如手臂下落時必須要先沈肩，再墜肘下沈帶動雙掌下按，節節貫串。沈肩墜肘時不可過分用意，以致緊張，上臂不可緊靠身體，腋下要虛圓，肘不貼肋，以保持靈活。

③胸背部的要求

也就是太極拳練習中要求的「含胸拔背」。所謂「含胸拔背」，就是胸部要舒鬆自然，不要故意前挺，也不要故意內收。「含胸」不可做成兩肩前裹、胸部回縮的「凹胸」，這樣會練成像老年人一樣的駝背。簡單地說，含胸不是挺胸，從而避免身體向後仰，有利於氣沈丹田。拔背，是指背部要舒展。拔背不是提背，也不是弓背。拔是放鬆拔長的意思，脊椎在人體的背部，是上體的中樞環節。背鬆則氣順，體態就中正，這正所謂「氣貼於背」「力由脊發」。能做到含胸自然就能做到拔背，它們正好前後對稱。

④腰襠部的要求

腰為一身之主宰。正如《太極拳論》中所說「命意源頭在腰隙」「時刻留心在腰間」「氣如車輪，腰如車軸」「有不到姿勢處，其病必在腰腿求之」。因此，鬆腰是練劍的關鍵所在，能鬆腰才能使動作靈活圓滑。太極劍的虛實變換都由腰帶動，只有以腰部為軸，動作才能做到上下相隨，使勁力通達四梢。如腰部不活，就很難達到輕靈沈著的目的。襠部就是胯下的會陰部位，要成虛圓；兩胯要撐開，不可以夾住，襠自然能圓。襠圓有利氣勁下沈、穩定中心的作用；還有利於腰胯的靈活轉換的作用。

⑤膝腳的要求

膝關節要放鬆，柔和自然，以利於氣血的運行。抬腿邁步伸腳時，皆由大腿的肌肉帶動小腿，膝關節自然隨之轉動，切不可著力於膝部。提膝上步或做後虛步時，膝關節略向外旋。一是有利於圓襠，氣沈丹田；二是有利於減緩膝關節的負重，從而避免膝關節的損傷。

在做弓步時，前膝不可超過腳尖，使重心不穩以致前傾。腳猶如大樹的根，它是一身的根，要腳踏實地、穩固不動。向前上步時，先腳跟落地；向後退步時，先前腳掌落，然後慢慢踏平。

抬腳的高度約十～十五公分，不可過高，也不可拖地。前腳的方向要正，後腳約成四十五～六十度；尤其要注意，兩腳的左右橫向距離，要保持約本人肩寬或至少一拳的距離，不可前後在一條直線上，這樣不利於身體平衡。

94 持劍運使與劍指怎樣配合？

持劍運使（劍法）與劍指的配合，一是有利於身體四肢在運動中的協調；二是有助於維持運動中的平衡或使技術動作造型優美；三是有助於劍法力量在運動中的發揮。這是劍法與劍指配合的三點原則。

根據以上三點原則，一般要注意上下肢的配合，尤其是左手右腳、右手左腳的配合，如左右帶劍，向左帶劍時應該上右步，向右帶劍時應該上左步。

在太極劍運動中，劍指的手臂有維持身體平衡與造型的作用。如「上步絞劍」「弓步削劍」的後手劍指就是一前一後維持平衡；「提膝劈劍」「虛步壓劍」「分腳點劍」等左手的劍指，既有平衡作用，又有造型的作用。

95　太極劍中的攔劍與截劍有何區別？

太極劍中的攔劍的「攔」字，有遮攔、阻擋、阻止的意思，作為劍法，持劍手心斜向上或斜向下，從左下方向右前上方，或者從右下方向左前上方出劍。攔劍屬於防守性技術方法，因此勁貫劍身後部，力達劍身時，右手向內旋轉或向外旋轉，以加強攔劍的阻力。

截劍的「截」字，有割斷、弄斷、阻攔之意。在太極劍的劍法中，是立劍或平劍從左（右）向右（左），或從上向下，切斷阻截對方的進攻，力點在劍刃。截劍屬於既可是進攻性技術方法，又可作為防守性技術方法。

攔劍與截劍，既有相同之處，又有不同之處。相同之處在於都有阻截、阻擋之意，在攻防之意上，用以阻截對方進攻，屬防守性技術方法。不同之處在於攔劍的力點是在劍刃的中後部，而截劍的力點是在整個刃；在攻防之意上，截劍屬於既可作為進攻性技術方法，又可作為防守性技術方法，而攔劍則屬於防守性技術方法。

96 帶劍與抹劍有何區別？

帶劍的「帶」字，有領帶、攜帶之意。在劍法中要求平劍由前向左或向右屈臂回抽，手腕高不過胸，劍尖斜向前，力點在劍身的中後部滑動。帶劍時屈臂回抽要明顯，要注意鬆肩、墜肘、沈腕。其運動軌跡是直線，屬於防守性技術動作。

抹劍的「抹」字，有塗、擦之意。在劍法中要求平劍由左向右、或由右向左領帶，一般高度在胸腹之間，力點在整個劍身上滑動。其運動軌跡是圓弧線，屬於攻、守性技術動作。

帶劍與抹劍的不相同之處，在於其運動軌跡上，帶劍是要求從前向後回抽做直線運動，力點在劍的中後部滑動；抹劍是要求由左向右或由右向左做弧線運動，力點在整個劍身上滑動。在攻防含義上，帶劍有格擋回防、蓄勢待發的意思；抹劍是攻守兼備一體的技術，而進攻的方向，以身體為中心，可前可後、可左可右地變化。

97 在太極劍練習中如何做到「勢正招圓」？

太極劍練習中「勢正招圓」，所謂「勢正」，一是指靜態時，動作姿勢正確，不偏不倚，包括頭正，要虛領頂勁；身正，身體放鬆中正；步型步法、手型手法要符合規矩和規範。二是指動態中動作姿勢正確，不偏不倚，身法上也要求斜中寓正。

如「弓步劈劍」，靜態時弓步要求兩腳前後距離約是本人腳長的三~五腳，左右距離約是本人腳長的一~二腳，前弓後撐，重心偏前，前膝不可超過前腳尖，後腳不可拔跟。兩髖兩肩成平行，頭部要求虛領頂勁，手臂與劍成一條直線，力達劍刃，眼睛看劍的前方。這是「勢正」的表現形式之一。

「招圓」，一是指在靜態中，身體的各個部位與劍要保持一定的彎曲度，進退、開合、蓄發、收放都有餘地；二是指在動態中，手、腳與劍的運動路線為弧線或圓形。如太極劍中的絞劍，其勁起於腳，通過膝、胯、腰、背、肩、肘、手，達到劍尖，向前或向後做立圓螺旋似的纏繞，從而體現「招圓」。

98　太極劍也講究剛柔相濟嗎？

太極劍也講究剛柔相濟，這是肯定的。這是太極劍運動的特點之一。

太極劍和其他劍術一樣，在勁力的要求上應該是有剛有柔，剛柔相濟，相互運用。有柔有剛主要是指劍法中的動作快慢、虛實、輕重、靜動交替變換，攻守之中顯得有章法。剛柔相濟是指在太極劍動作中，剛中有柔，柔中寓剛。

太極劍從整個運動形式上來講偏柔，但它每一個動作中都柔中顯剛，如陳式太極劍中，還有明顯保留的發力動作，如鳳凰點頭、夜叉探海、金雞抖翎。其他太極劍不像陳式太極劍明顯，但它在勁力傳到劍的某一部位時，要求落點成剛。如「上步點劍」在力達劍尖時，正好成剛，前面的動作運行則偏柔，從而體現柔中寓剛。

太極劍在平時練習時偏柔，但在攻防運用中，很講究剛柔相濟，隨臨場的變化而變化，該柔則柔，該剛則剛。柔以便引化對方攻勢，隨之柔變剛，以便於攻擊。

99　什麼是「物我合一」？

在太極劍中，「物我合一」一是指劍與身體的協調配合；二是指劍與思想意識的緊密配合。

劍與身體的協調配合。按武術專業來講，就是「手、眼、身、法、步」外在的配合，它是有形的，如手型手法，手法是劍指運用技法，如「仙人指路」的右手劍指向前指出，在攻防上，有擊刺對方眼睛或點穴的作用。這些都是有形的，可以看得到的。法是指劍法，劍法運動軌跡和力達劍的某一部位。眼是眼法，左顧右盼，眼隨劍勢的方向。身是指身型身法，身型要中正，身法要圓活。步是指步型步法，步型要分清虛實，這樣步法才能輕靈沈穩。左手與右手持劍在運動中，上下、後、前左右，要密切配合：上肢的劍指和持劍手與下肢的步型步法，要緊密配合；上肢與下肢與身型身法要緊密配合。這屬於外三合，手與腳合，肘與膝合，肩與胯合。

劍與思想意識的緊密配合，這也是我們常說的「內三合」，即心與意合，意與氣合，氣與勁合。一套劍法，除了可以表現一個人技術技能，更能反映一個人的品質，劍品如人品，劍如其人。這時的劍只是一種工具，你想什麼，就可以透過劍來表達。劍氣逼人含有殺機，劍勢纏綿不斷表現心境平和，劍勢宏大而沈穩則表現人的心胸豁達穩重。

100　如何觀看太極劍比賽？

目前在世界、全國、省市等武術錦標賽或交流賽中，太極劍是比賽內容之一。比賽的套路一般是國家太極劍規定套路，如十八式太極劍、三十二式太極劍、四十二式太極劍等。如何觀摩欣賞太極劍比賽呢？

首先，要看動作規格。姿勢正確，步法清楚。在武術比賽分值為十分制，動作規格分值占六分，凡劍指、步型、步法、劍法、腿法、身法、平衡，與規格要求不符的都要給予不同的扣分。如點劍沒有提腕，而成了劈劍，這是劍法不清，應給予扣分；劍指出現的次數以定勢為準，扣分均為一次總扣，最多扣〇・二分。

其次，要看勁力與協調，其分值為二分。凡運勁順達，沈穩準確，劍勢連貫圓活，手眼身法步協調，應給予滿分。與要求輕微不符的扣〇・一～〇・五分；顯著不符的扣〇・六～一分；嚴重不符的扣一・一～二分。

再次，要看精神、速度、風格、內容、結構、佈局，其分值為二分。凡符合意識集中，精神飽滿，神態自然，速度適中的，應給予滿分。與要求不符的，根據情況應給予不同的扣分。

觀看太極劍比賽，也可將先後出場的運動員進行比較，分為好、中、差不同水準進行評價。觀摩太極劍比賽最好先瞭解一下太極劍競賽規則，簡單瞭解評分標準。第九屆全運會中太極劍比賽是以四十二式太極劍為藍本，加上指定難度動作，時間為三～四分鐘，觀看時以動作規格、指定難度動作、動作內涵為標準，欣賞其姿勢、神態和氣質等。

傳統太極劍主要由各種技法演練，表現劍的文化、攻防技法內涵，以及各式太極劍的風格特點。觀賞時可抓住這些要點。

大展出版社有限公司
品冠文化出版社

圖書目錄

地址：台北市北投區（石牌）
致遠一路二段 12 巷 1 號
郵撥：01669551＜大展＞
19346241＜品冠＞

電話：(02) 28236031
28236033
28233123
傳真：(02) 28272069

・熱門新知・品冠編號 67

1. 圖解基因與 DNA （精） 中原英臣主編 230 元
2. 圖解人體的神奇 （精） 米山公啟主編 230 元
3. 圖解腦與心的構造 （精） 永田和哉主編 230 元
4. 圖解科學的神奇 （精） 鳥海光弘主編 230 元
5. 圖解數學的神奇 （精） 柳 谷 晃著 250 元
6. 圖解基因操作 （精） 海老原充主編 230 元
7. 圖解後基因組 （精） 才園哲人著 230 元
8. 圖解再生醫療的構造與未來 才園哲人著 230 元
9. 圖解保護身體的免疫構造 才園哲人著 230 元
10. 90 分鐘了解尖端技術的結構 志村幸雄著 280 元

・名人選輯・品冠編號 671

1. 佛洛伊德 傅陽主編 200 元
2. 莎士比亞 傅陽主編 200 元
3. 蘇格拉底 傅陽主編 200 元
4. 盧梭 傅陽主編 200 元

・圍棋輕鬆學・品冠編號 68

1. 圍棋六日通 李曉佳編著 160 元
2. 布局的對策 吳玉林等編著 250 元
3. 定石的運用 吳玉林等編著 280 元
4. 死活的要點 吳玉林等編著 250 元

・象棋輕鬆學・品冠編號 69

1. 象棋開局精要 方長勤審校 280 元
2. 象棋中局薈萃 言穆江著 280 元

・生活廣場・品冠編號 61

1. 366 天誕生星 李芳黛譯 280 元

2. 366天誕生花與誕生石　李芳黛譯　280元
3. 科學命相　淺野八郎著　220元
4. 已知的他界科學　陳蒼杰譯　220元
5. 開拓未來的他界科學　陳蒼杰譯　220元
6. 世紀末變態心理犯罪檔案　沈永嘉譯　240元
7. 366天開運年鑑　林廷宇編著　230元
8. 色彩學與你　野村順一著　230元
9. 科學手相　淺野八郎著　230元
10. 你也能成為戀愛高手　柯富陽編著　220元
11. 血型與十二星座　許淑瑛編著　230元
12. 動物測驗—人性現形　淺野八郎著　200元
13. 愛情、幸福完全自測　淺野八郎著　200元
14. 輕鬆攻佔女性　趙奕世編著　230元
15. 解讀命運密碼　郭宗德著　200元
16. 由客家了解亞洲　高木桂藏著　220元

・女醫師系列・品冠編號62

1. 子宮內膜症　國府田清子著　200元
2. 子宮肌瘤　黑島淳子著　200元
3. 上班女性的壓力症候群　池下育子著　200元
4. 漏尿、尿失禁　中田真木著　200元
5. 高齡生產　大鷹美子著　200元
6. 子宮癌　上坊敏子著　200元
7. 避孕　早乙女智子著　200元
8. 不孕症　中村春根著　200元
9. 生理痛與生理不順　堀口雅子著　200元
10. 更年期　野末悅子著　200元

・傳統民俗療法・品冠編號63

1. 神奇刀療法　潘文雄著　200元
2. 神奇拍打療法　安在峰著　200元
3. 神奇拔罐療法　安在峰著　200元
4. 神奇艾灸療法　安在峰著　200元
5. 神奇貼敷療法　安在峰著　200元
6. 神奇薰洗療法　安在峰著　200元
7. 神奇耳穴療法　安在峰著　200元
8. 神奇指針療法　安在峰著　200元
9. 神奇藥酒療法　安在峰著　200元
10. 神奇藥茶療法　安在峰著　200元
11. 神奇推拿療法　張貴荷著　200元
12. 神奇止痛療法　漆 浩 著　200元
13. 神奇天然藥食物療法　李琳編著　200元

14. 神奇新穴療法		吳德華編著	200 元
15. 神奇小針刀療法		韋丹主編	200 元

・常見病藥膳調養叢書・品冠編號 631

1. 脂肪肝四季飲食		蕭守貴著	200 元
2. 高血壓四季飲食		秦玖剛著	200 元
3. 慢性腎炎四季飲食		魏從強著	200 元
4. 高脂血症四季飲食		薛輝著	200 元
5. 慢性胃炎四季飲食		馬秉祥著	200 元
6. 糖尿病四季飲食		王耀獻著	200 元
7. 癌症四季飲食		李忠著	200 元
8. 痛風四季飲食		魯焰主編	200 元
9. 肝炎四季飲食		王虹等著	200 元
10. 肥胖症四季飲食		李偉等著	200 元
11. 膽囊炎、膽石症四季飲食		謝春娥著	200 元

・彩色圖解保健・品冠編號 64

1. 瘦身		主婦之友社	300 元
2. 腰痛		主婦之友社	300 元
3. 肩膀痠痛		主婦之友社	300 元
4. 腰、膝、腳的疼痛		主婦之友社	300 元
5. 壓力、精神疲勞		主婦之友社	300 元
6. 眼睛疲勞、視力減退		主婦之友社	300 元

・休閒保健叢書・品冠編號 641

1. 瘦身保健按摩術		聞慶漢主編	200 元
2. 顏面美容保健按摩術		聞慶漢主編	200 元
3. 足部保健按摩術		聞慶漢主編	200 元
4. 養生保健按摩術		聞慶漢主編	280 元

・心 想 事 成・品冠編號 65

1. 魔法愛情點心		結城莫拉著	120 元
2. 可愛手工飾品		結城莫拉著	120 元
3. 可愛打扮 & 髮型		結城莫拉著	120 元
4. 撲克牌算命		結城莫拉著	120 元

・少 年 偵 探・品冠編號 66

1. 怪盜二十面相	（精）	江戶川亂步著	特價 189 元
2. 少年偵探團	（精）	江戶川亂步著	特價 189 元

3. 妖怪博士 （精） 江戶川亂步著 特價 189 元
4. 大金塊 （精） 江戶川亂步著 特價 230 元
5. 青銅魔人 （精） 江戶川亂步著 特價 230 元
6. 地底魔術王 （精） 江戶川亂步著 特價 230 元
7. 透明怪人 （精） 江戶川亂步著 特價 230 元
8. 怪人四十面相 （精） 江戶川亂步著 特價 230 元
9. 宇宙怪人 （精） 江戶川亂步著 特價 230 元
10. 恐怖的鐵塔王國 （精） 江戶川亂步著 特價 230 元
11. 灰色巨人 （精） 江戶川亂步著 特價 230 元
12. 海底魔術師 （精） 江戶川亂步著 特價 230 元
13. 黃金豹 （精） 江戶川亂步著 特價 230 元
14. 魔法博士 （精） 江戶川亂步著 特價 230 元
15. 馬戲怪人 （精） 江戶川亂步著 特價 230 元
16. 魔人銅鑼 （精） 江戶川亂步著 特價 230 元
17. 魔法人偶 （精） 江戶川亂步著 特價 230 元
18. 奇面城的秘密 （精） 江戶川亂步著 特價 230 元
19. 夜光人 （精） 江戶川亂步著 特價 230 元
20. 塔上的魔術師 （精） 江戶川亂步著 特價 230 元
21. 鐵人Q （精） 江戶川亂步著 特價 230 元
22. 假面恐怖王 （精） 江戶川亂步著 特價 230 元
23. 電人M （精） 江戶川亂步著 特價 230 元
24. 二十面相的詛咒 （精） 江戶川亂步著 特價 230 元
25. 飛天二十面相 （精） 江戶川亂步著 特價 230 元
26. 黃金怪獸 （精） 江戶川亂步著 特價 230 元

・武 術 特 輯・大展編號 10

1. 陳式太極拳入門 馮志強編著 180 元
2. 武式太極拳 郝少如編著 200 元
3. 中國跆拳道實戰 100 例 岳維傳著 220 元
4. 教門長拳 蕭京凌編著 150 元
5. 跆拳道 蕭京凌編譯 180 元
6. 正傳合氣道 程曉鈴譯 200 元
7. 實用雙節棍 吳志勇編著 200 元
8. 格鬥空手道 鄭旭旭編著 200 元
9. 實用跆拳道 陳國榮編著 200 元
10. 武術初學指南 李文英、解守德編著 250 元
11. 泰國拳 陳國榮著 180 元
12. 中國式摔跤 黃 斌編著 180 元
13. 太極劍入門 李德印編著 180 元
14. 太極拳運動 運動司編 250 元
15. 太極拳譜 清・王宗岳等著 280 元
16. 散手初學 冷 峰編著 200 元
17. 南拳 朱瑞琪編著 180 元

18. 吳式太極劍	王培生著	200 元
19. 太極拳健身與技擊	王培生著	250 元
20. 秘傳武當八卦掌	狄兆龍著	250 元
21. 太極拳論譚	沈 壽著	250 元
22. 陳式太極拳技擊法	馬 虹著	250 元
23. 二十四式/三十二式太極拳/劍	闞桂香著	180 元
24. 楊式秘傳 129 式太極長拳	張楚全著	280 元
25. 楊式太極拳架詳解	林炳堯著	280 元
26. 華佗五禽劍	劉時榮著	180 元
27. 太極拳基礎講座：基本功與簡化 24 式	李德印著	250 元
28. 武式太極拳精華	薛乃印著	200 元
29. 陳式太極拳拳理闡微	馬 虹著	350 元
30. 陳式太極拳體用全書	馬 虹著	400 元
31. 張三豐太極拳	陳占奎著	200 元
32. 中國太極推手	張 山主編	300 元
33. 48 式太極拳入門	門惠豐編著	220 元
34. 太極拳奇人奇功	嚴翰秀編著	250 元
35. 心意門秘籍	李新民編著	220 元
36. 三才門乾坤戊己功	王培生編著	220 元
37. 武式太極劍精華＋VCD	薛乃印編著	350 元
38. 楊式太極拳	傅鐘文演述	200 元
39. 陳式太極拳、劍 36 式	闞桂香編著	250 元
40. 正宗武式太極拳	薛乃印著	220 元
41. 杜元化＜太極拳正宗＞考析	王海洲等著	300 元
42. ＜珍貴版＞陳式太極拳	沈家楨著	280 元
43. 24 式太極拳＋VCD	中國國家體育總局著	350 元
44. 太極推手絕技	安在峰編著	250 元
45. 孫祿堂武學錄	孫祿堂著	300 元
46. ＜珍貴本＞陳式太極拳精選	馮志強著	280 元
47. 武當趙堡太極拳小架	鄭悟清傳授	250 元
48. 太極拳習練知識問答	邱丕相主編	220 元
49. 八法拳 八法槍	武世俊著	220 元
50. 地趟拳＋VCD	張憲政著	350 元
51. 四十八式太極拳＋DVD	楊 靜演示	400 元
52. 三十二式太極劍＋VCD	楊 靜演示	300 元
53. 隨曲就伸 中國太極拳名家對話錄	余功保著	300 元
54. 陳式太極拳五功八法十三勢	闞桂香著	200 元
55. 六合螳螂拳	劉敬儒等著	280 元
56. 古本新探華佗五禽戲	劉時榮編著	180 元
57. 陳式太極拳養生功＋VCD	陳正雷著	350 元
58. 中國循經太極拳二十四式教程	李兆生著	300 元
59. ＜珍貴本＞太極拳研究	唐豪・顧留馨著	250 元
60. 武當三豐太極拳	劉嗣傳著	300 元
61. 楊式太極拳體用圖解	崔仲三編著	400 元

62. 太極十三刀　張耀忠編著　230 元
63. 和式太極拳譜＋VCD　和有祿編著　450 元
64. 太極內功養生術　關永年著　300 元
65. 養生太極推手　黃康輝編著　280 元
66. 太極推手祕傳　安在峰編著　300 元
67. 楊少侯太極拳用架真詮　李璉編著　280 元
68. 細說陰陽相濟的太極拳　林冠澄著　350 元
69. 太極內功解祕　祝大彤編著　280 元
70. 簡易太極拳健身功　王建華著　180 元
71. 楊氏太極拳真傳　趙斌等著　380 元
72. 李子鳴傳梁式直趟八卦六十四散手掌　張全亮編著　200 元
73. 炮捶 陳式太極拳第二路　顧留馨著　330 元
74. 太極推手技擊傳真　王鳳鳴編著　300 元
75. 傳統五十八式太極劍　張楚全編著　200 元
76. 新編太極拳對練　曾乃梁編著　280 元
77. 意拳拳學　王薌齋創始　280 元
78. 心意拳練功竅要　馬琳璋著　300 元
79. 形意拳搏擊的理與法　買正虎編著　300 元
80. 拳道功法學　李玉柱編著　300 元
81. 精編陳式太極拳拳劍刀　武世俊編著　300 元
82. 現代散打　梁亞東編著　200 元
83. 形意拳械精解（上）　邸國勇編著　480 元
84. 形意拳械精解（下）　邸國勇編著　480 元
85. 楊式太極拳詮釋【理論篇】　王志遠編著　200 元
86. 楊式太極拳詮釋【練習篇】　王志遠編著　280 元
87. 中國當代太極拳精論集　余功保主編　500 元
88. 八極拳運動全書　安在峰編著　480 元
89. 陳氏太極長拳 108 式＋VCD　王振華著　350 元

・彩色圖解太極武術・大展編號 102

1. 太極功夫扇　李德印編著　220 元
2. 武當太極劍　李德印編著　220 元
3. 楊式太極劍　李德印編著　220 元
4. 楊式太極刀　王志遠著　220 元
5. 二十四式太極拳(楊式)＋VCD　李德印編著　350 元
6. 三十二式太極劍(楊式)＋VCD　李德印編著　350 元
7. 四十二式太極劍＋VCD　李德印編著　350 元
8. 四十二式太極拳＋VCD　李德印編著　350 元
9. 16 式太極拳 18 式太極劍＋VCD　崔仲三著　350 元
10. 楊氏 28 式太極拳＋VCD　趙幼斌著　350 元
11. 楊式太極拳 40 式＋VCD　宗維潔編著　350 元
12. 陳式太極拳 56 式＋VCD　黃康輝等著　350 元
13. 吳式太極拳 45 式＋VCD　宗維潔編著　350 元

14. 精簡陳式太極拳 8 式、16 式	黃康輝編著	220 元
15. 精簡吳式太極拳<36 式拳架・推手>	柳恩久主編	220 元
16. 夕陽美功夫扇	李德印著	220 元
17. 綜合 48 式太極拳＋VCD	竺玉明編著	350 元
18. 32 式太極拳（四段）	宗維潔演示	220 元
19. 楊氏 37 式太極拳＋VCD	趙幼斌著	350 元
20. 楊氏 51 式太極劍＋VCD	趙幼斌著	350 元

・國際武術競賽套路・大展編號 103

1. 長拳	李巧玲執筆	220 元
2. 劍術	程慧琨執筆	220 元
3. 刀術	劉同為執筆	220 元
4. 槍術	張躍寧執筆	220 元
5. 棍術	殷玉柱執筆	220 元

・簡化太極拳・大展編號 104

1. 陳式太極拳十三式	陳正雷編著	200 元
2. 楊式太極拳十三式	楊振鐸編著	200 元
3. 吳式太極拳十三式	李秉慈編著	200 元
4. 武式太極拳十三式	喬松茂編著	200 元
5. 孫式太極拳十三式	孫劍雲編著	200 元
6. 趙堡太極拳十三式	王海洲編著	200 元

・導引養生功・大展編號 105

1. 疏筋壯骨功＋VCD	張廣德著	350 元
2. 導引保建功＋VCD	張廣德著	350 元
3. 頤身九段錦＋VCD	張廣德著	350 元
4. 九九還童功＋VCD	張廣德著	350 元
5. 舒心平血功＋VCD	張廣德著	350 元
6. 益氣養肺功＋VCD	張廣德著	350 元
7. 養生太極扇＋VCD	張廣德著	350 元
8. 養生太極棒＋VCD	張廣德著	350 元
9. 導引養生形體詩韻＋VCD	張廣德著	350 元
10. 四十九式經絡動功＋VCD	張廣德著	350 元

・中國當代太極拳名家名著・大展編號 106

1. 李德印太極拳規範教程	李德印著	550 元
2. 王培生吳式太極拳詮真	王培生著	500 元
3. 喬松茂武式太極拳詮真	喬松茂著	450 元
4. 孫劍雲孫式太極拳詮真	孫劍雲著	350 元

5. 王海洲趙堡太極拳詮真 王海洲著 500 元
6. 鄭琛太極拳道詮真 鄭琛著 450 元
7. 沈壽太極拳文集 沈壽著 630 元

・古代健身功法・大展編號 107

1. 練功十八法 蕭凌編著 200 元
2. 十段錦運動 劉時榮編著 180 元
3. 二十八式長壽健身操 劉時榮著 180 元
4. 三十二式太極雙扇 劉時榮著 160 元
5. 龍形九勢健身法 武世俊著 180 元

・太極跤・大展編號 108

1. 太極防身術 郭慎著 300 元
2. 擒拿術 郭慎著 280 元
3. 中國式摔角 郭慎著 350 元

・原地太極拳系列・大展編號 11

1. 原地綜合太極拳 24 式 胡啟賢創編 220 元
2. 原地活步太極拳 42 式 胡啟賢創編 200 元
3. 原地簡化太極拳 24 式 胡啟賢創編 200 元
4. 原地太極拳 12 式 胡啟賢創編 200 元
5. 原地青少年太極拳 22 式 胡啟賢創編 220 元
6. 原地兒童太極拳 10 捶 16 式 胡啟賢創編 180 元

・名師出高徒・大展編號 111

1. 武術基本功與基本動作 劉玉萍編著 200 元
2. 長拳入門與精進 吳彬等著 220 元
3. 劍術刀術入門與精進 楊柏龍等著 220 元
4. 棍術、槍術入門與精進 邱丕相編著 220 元
5. 南拳入門與精進 朱瑞琪編著 220 元
6. 散手入門與精進 張山等著 220 元
7. 太極拳入門與精進 李德印編著 280 元
8. 太極推手入門與精進 田金龍編著 220 元

・實用武術技擊・大展編號 112

1. 實用自衛拳法 溫佐惠著 250 元
2. 搏擊術精選 陳清山等著 220 元
3. 秘傳防身絕技 程崑彬著 230 元
4. 振藩截拳道入門 陳琦平著 220 元

5.	實用擒拿法	韓建中著	220 元
6.	擒拿反擒拿 88 法	韓建中著	250 元
7.	武當秘門技擊術入門篇	高翔著	250 元
8.	武當秘門技擊術絕技篇	高翔著	250 元
9.	太極拳實用技擊法	武世俊著	220 元
10.	奪凶器基本技法	韓建中著	220 元
11.	峨眉拳實用技擊法	吳信良著	300 元
12.	武當拳法實用制敵術	賀春林主編	300 元
13.	詠春拳速成搏擊術訓練	魏峰編著	280 元
14.	詠春拳高級格鬥訓練	魏峰編著	280 元
15.	心意六合拳發力與技擊	王安寶編著	220 元

・中國武術規定套路・大展編號 113

1.	螳螂拳	中國武術系列	300 元
2.	劈掛拳	規定套路編寫組	300 元
3.	八極拳	國家體育總局	250 元
4.	木蘭拳	國家體育總局	230 元

・中華傳統武術・大展編號 114

1.	中華古今兵械圖考	裴錫榮主編	280 元
2.	武當劍	陳湘陵編著	200 元
3.	梁派八卦掌（老八掌）	李子鳴遺著	220 元
4.	少林 72 藝與武當 36 功	裴錫榮主編	230 元
5.	三十六把擒拿	佐藤金兵衛主編	200 元
6.	武當太極拳與盤手 20 法	裴錫榮主編	220 元
7.	錦八手拳學	楊永著	280 元
8.	自然門功夫精義	陳懷信編著	500 元
9.	八極拳珍傳	王世泉著	330 元
10.	通臂二十四勢	郭瑞祥主編	280 元
11.	六路真跡武當劍藝	王恩盛著	230 元

・少 林 功 夫・大展編號 115

1.	少林打擂秘訣	德虔、素法編著	300 元
2.	少林三大名拳 炮拳、大洪拳、六合拳	門惠豐等著	200 元
3.	少林三絕 氣功、點穴、擒拿	德虔編著	300 元
4.	少林怪兵器秘傳	素法等著	250 元
5.	少林護身暗器秘傳	素法等著	220 元
6.	少林金剛硬氣功	楊維編著	250 元
7.	少林棍法大全	德虔、素法編著	250 元
8.	少林看家拳	德虔、素法編著	250 元
9.	少林正宗七十二藝	德虔、素法編著	280 元

10. 少林瘋魔棍闡宗	馬德著	250 元
11. 少林正宗太祖拳法	高翔著	280 元
12. 少林拳技擊入門	劉世君編著	220 元
13. 少林十路鎮山拳	吳景川主編	300 元
14. 少林氣功秘集	釋德虔編著	220 元
15. 少林十大武藝	吳景川主編	450 元
16. 少林飛龍拳	劉世君著	200 元
17. 少林武術理論	徐勤燕等著	200 元
18. 少林武術基本功	徐勤燕編著	200 元

・迷蹤拳系列・ 大展編號 116

1. 迷蹤拳（一）+VCD	李玉川編著	350 元
2. 迷蹤拳（二）+VCD	李玉川編著	350 元
3. 迷蹤拳（三）	李玉川編著	250 元
4. 迷蹤拳（四）+VCD	李玉川編著	580 元
5. 迷蹤拳（五）	李玉川編著	250 元
6. 迷蹤拳（六）	李玉川編著	300 元
7. 迷蹤拳（七）	李玉川編著	300 元
8. 迷蹤拳（八）	李玉川編著	300 元

・截拳道入門・ 大展編號 117

1. 截拳道手擊技法	舒建臣編著	230 元
2. 截拳道腳踢技法	舒建臣編著	230 元
3. 截拳道擒跌技法	舒建臣編著	230 元
4. 截拳道攻防技法	舒建臣編著	230 元
5. 截拳道連環技法	舒建臣編著	230 元
6. 截拳道功夫匯宗	舒建臣編著	230 元

・少林傳統功夫漢英對照系列・ 大展編號 118

1. 七星螳螂拳－白猿獻書	耿軍著	180 元
2. 七星螳螂拳－白猿孝母	耿軍著	180 元

・道 學 文 化・大展編號 12

1. 道在養生：道教長壽術	郝勤等著	250 元
2. 龍虎丹道：道教內丹術	郝勤著	300 元
3. 天上人間：道教神仙譜系	黃德海著	250 元
4. 步罡踏斗：道教祭禮儀典	張澤洪著	250 元
5. 道醫窺秘：道教醫學康復術	王慶餘等著	250 元
6. 勸善成仙：道教生命倫理	李剛著	250 元
7. 洞天福地：道教宮觀勝境	沙銘壽著	250 元

8.	青詞碧簫：道教文學藝術	楊光文等著	250 元
9.	沈博絕麗：道教格言精粹	朱耕發等著	250 元

・易 學 智 慧・大展編號 122

1.	易學與管理	余敦康主編	250 元
2.	易學與養生	劉長林等著	300 元
3.	易學與美學	劉綱紀等著	300 元
4.	易學與科技	董光壁著	280 元
5.	易學與建築	韓增祿著	280 元
6.	易學源流	鄭萬耕著	280 元
7.	易學的思維	傅雲龍等著	250 元
8.	周易與易圖	李申著	250 元
9.	中國佛教與周易	王仲堯著	350 元
10.	易學與儒學	任俊華著	350 元
11.	易學與道教符號揭秘	詹石窗著	350 元
12.	易傳通論	王博著	250 元
13.	談古論今說周易	龐鈺龍著	280 元
14.	易學與史學	吳懷祺著	230 元
15.	易學與天文學	盧央著	230 元
16.	易學與生態環境	楊文衡著	230 元
17.	易學與中國傳統醫學	蕭漢明著	280 元
18.	易學與人文	羅熾等著	280 元

・神 算 大 師・大展編號 123

1.	劉伯溫神算兵法	應涵編著	280 元
2.	姜太公神算兵法	應涵編著	280 元
3.	鬼谷子神算兵法	應涵編著	280 元
4.	諸葛亮神算兵法	應涵編著	280 元

・鑑 往 知 來・大展編號 124

1.	《三國志》給現代人的啟示	陳羲主編	220 元
2.	《史記》給現代人的啟示	陳羲主編	220 元
3.	《論語》給現代人的啟示	陳羲主編	220 元
4.	《孫子》給現代人的啟示	陳羲主編	220 元
5.	《唐詩選》給現代人的啟示	陳羲主編	220 元
6.	《菜根譚》給現代人的啟示	陳羲主編	220 元
7.	《百戰奇略》給現代人的啟示	陳羲主編	250 元

・秘傳占卜系列・大展編號 14

1.	手相術	淺野八郎著	180 元

2. 人相術　淺野八郎著　180 元
3. 西洋占星術　淺野八郎著　180 元
4. 中國神奇占卜　淺野八郎著　150 元
5. 夢判斷　淺野八郎著　150 元
7. 法國式血型學　淺野八郎著　150 元
8. 靈感、符咒學　淺野八郎著　150 元
10. ESP 超能力占卜　淺野八郎著　150 元
11. 猶太數的秘術　淺野八郎著　150 元
13. 塔羅牌預言秘法　淺野八郎著　200 元

・趣味心理講座・大展編號 15

1. 性格測驗（1）探索男與女　淺野八郎著　140 元
2. 性格測驗（2）透視人心奧秘　淺野八郎著　140 元
3. 性格測驗（3）發現陌生的自己　淺野八郎著　140 元
4. 性格測驗（4）發現你的真面目　淺野八郎著　140 元
5. 性格測驗（5）讓你們吃驚　淺野八郎著　140 元
6. 性格測驗（6）洞穿心理盲點　淺野八郎著　140 元
7. 性格測驗（7）探索對方心理　淺野八郎著　140 元
8. 性格測驗（8）由吃認識自己　淺野八郎著　160 元
9. 性格測驗（9）戀愛的心理　淺野八郎著　160 元
10. 性格測驗（10）由裝扮瞭解人心　淺野八郎著　160 元
11. 性格測驗（11）敲開內心玄機　淺野八郎著　140 元
12. 性格測驗（12）透視你的未來　淺野八郎著　160 元
13. 血型與你的一生　淺野八郎著　160 元
14. 趣味推理遊戲　淺野八郎著　160 元
15. 行為語言解析　淺野八郎著　160 元

・婦幼天地・大展編號 16

1. 八萬人減肥成果　黃靜香譯　180 元
2. 三分鐘減肥體操　楊鴻儒譯　150 元
3. 窈窕淑女美髮秘訣　柯素娥譯　130 元
4. 使妳更迷人　成　玉譯　130 元
5. 女性的更年期　官舒妍編譯　160 元
6. 胎內育兒法　李玉瓊編譯　150 元
7. 早產兒袋鼠式護理　唐岱蘭譯　200 元
9. 初次育兒 12 個月　婦幼天地編譯組　180 元
10. 斷乳食與幼兒食　婦幼天地編譯組　180 元
11. 培養幼兒能力與性向　婦幼天地編譯組　180 元
12. 培養幼兒創造力的玩具與遊戲　婦幼天地編譯組　180 元
13. 幼兒的症狀與疾病　婦幼天地編譯組　180 元
14. 腿部苗條健美法　婦幼天地編譯組　180 元
15. 女性腰痛別忽視　婦幼天地編譯組　150 元

16. 舒展身心體操術	李玉瓊編譯	130 元
17. 三分鐘臉部體操	趙薇妮著	160 元
18. 生動的笑容表情術	趙薇妮著	160 元
19. 心曠神怡減肥法	川津祐介著	130 元
20. 內衣使妳更美麗	陳玄茹譯	130 元
22. 高雅女性裝扮學	陳珮玲譯	180 元
23. 蠶糞肌膚美顏法	梨秀子著	160 元
24. 認識妳的身體	李玉瓊譯	160 元
25. 產後恢復苗條體態	居理安・芙萊喬著	200 元
26. 正確護髮美容法	山崎伊久江著	180 元
27. 安琪拉美姿養生學	安琪拉蘭斯博瑞著	180 元
28. 女體性醫學剖析	增田豐著	220 元
29. 懷孕與生產剖析	岡部綾子著	180 元
30. 斷奶後的健康育兒	東城百合子著	220 元
31. 引出孩子幹勁的責罵藝術	多湖輝著	170 元
32. 培養孩子獨立的藝術	多湖輝著	170 元
34. 下半身減肥法	納他夏・史達賓著	180 元
35. 女性自然美容法	吳雅菁編著	180 元
36. 再也不發胖	池園悅太郎著	170 元
37. 生男生女控制術	中垣勝裕著	220 元
38. 使妳的肌膚更亮麗	楊　皓編著	170 元
39. 臉部輪廓變美	芝崎義夫著	180 元
40. 斑點、皺紋自己治療	高須克彌著	180 元
41. 面皰自己治療	伊藤雄康著	180 元
42. 隨心所欲瘦身冥想法	原久子著	180 元
43. 胎兒革命	鈴木丈織著	180 元
44. NS 磁氣平衡法塑造窈窕奇蹟	古屋和江著	180 元
45. 享瘦從腳開始	山田陽子著	180 元
46. 小改變瘦 4 公斤	宮本裕子著	180 元
47. 軟管減肥瘦身	高橋輝男著	180 元
48. 海藻精神秘美容法	劉名揚編著	180 元
49. 肌膚保養與脫毛	鈴木真理著	180 元
50. 10 天減肥 3 公斤	彤雲編輯組	180 元
51. 穿出自己的品味	西村玲子著	280 元
52. 小孩髮型設計	李芳黛譯	250 元

・青　春　天　地・大展編號 17

1. A 血型與星座	柯素娥編譯	160 元
2. B 血型與星座	柯素娥編譯	160 元
3. O 血型與星座	柯素娥編譯	160 元
4. AB 血型與星座	柯素娥編譯	120 元
5. 青春期性教室	呂貴嵐編譯	130 元
9. 小論文寫作秘訣	林顯茂編譯	120 元

11. 中學生野外遊戲	熊谷康編著	120 元
12. 恐怖極短篇	柯素娥編譯	130 元
13. 恐怖夜話	小毛驢編譯	130 元
14. 恐怖幽默短篇	小毛驢編譯	120 元
15. 黑色幽默短篇	小毛驢編譯	120 元
16. 靈異怪談	小毛驢編譯	130 元
17. 錯覺遊戲	小毛驢編著	130 元
18. 整人遊戲	小毛驢編著	150 元
19. 有趣的超常識	柯素娥編譯	130 元
20. 哦！原來如此	林慶旺編譯	130 元
21. 趣味競賽 100 種	劉名揚編譯	120 元
22. 數學謎題入門	宋釗宜編譯	150 元
23. 數學謎題解析	宋釗宜編譯	150 元
24. 透視男女心理	林慶旺編譯	120 元
25. 少女情懷的自白	李桂蘭編譯	120 元
26. 由兄弟姊妹看命運	李玉瓊編譯	130 元
27. 趣味的科學魔術	林慶旺編譯	150 元
28. 趣味的心理實驗室	李燕玲編譯	150 元
29. 愛與性心理測驗	小毛驢編譯	130 元
30. 刑案推理解謎	小毛驢編譯	180 元
31. 偵探常識推理	小毛驢編譯	180 元
32. 偵探常識解謎	小毛驢編譯	130 元
33. 偵探推理遊戲	小毛驢編譯	180 元
34. 趣味的超魔術	廖玉山編著	150 元
35. 趣味的珍奇發明	柯素娥編著	150 元
36. 登山用具與技巧	陳瑞菊編著	150 元
37. 性的漫談	蘇燕謀編著	180 元
38. 無的漫談	蘇燕謀編著	180 元
39. 黑色漫談	蘇燕謀編著	180 元
40. 白色漫談	蘇燕謀編著	180 元

・健　康　天　地・大展編號 18

1. 壓力的預防與治療	柯素娥編譯	130 元
2. 超科學氣的魔力	柯素娥編譯	130 元
3. 尿療法治病的神奇	中尾良一著	130 元
4. 鐵證如山的尿療法奇蹟	廖玉山譯	120 元
5. 一日斷食健康法	葉慈容編譯	150 元
7. 癌症早期檢查法	廖松濤譯	160 元
8. 老人痴呆症防止法	柯素娥編譯	170 元
10. 揉肚臍健康法	永井秋夫著	150 元
11. 過勞死、猝死的預防	卓秀貞編譯	130 元
12. 高血壓治療與飲食	藤山順豐著	180 元
13. 老人看護指南	柯素娥編譯	150 元

14. 美容外科淺談	楊啟宏著	150 元
15. 美容外科新境界	楊啟宏著	150 元
16. 鹽是天然的醫生	西英司郎著	140 元
17. 年輕十歲不是夢	梁瑞麟譯	200 元
18. 茶料理治百病	桑野和民著	180 元
20. 杜仲茶養顏減肥法	西田博著	170 元
21. 蜂膠驚人療效	瀨長良三郎著	180 元
22. 蜂膠治百病	瀨長良三郎著	180 元
23. 醫藥與生活	鄭炳全著	180 元
24. 鈣長生寶典	落合敏著	180 元
25. 大蒜長生寶典	木下繁太郎著	160 元
26. 居家自我健康檢查	石川恭三著	160 元
27. 永恆的健康人生	李秀鈴譯	200 元
28. 大豆卵磷脂長生寶典	劉雪卿譯	150 元
29. 芳香療法	梁艾琳譯	160 元
30. 醋長生寶典	柯素娥譯	180 元
31. 從星座透視健康	席拉・吉蒂斯著	180 元
32. 愉悅自在保健學	野本二士夫著	160 元
33. 裸睡健康法	丸山淳士等著	160 元
35. 維他命長生寶典	菅原明子著	180 元
36. 維他命 C 新效果	鐘文訓編	150 元
38. AIDS 瞭解與預防	彼得塔歇爾著	180 元
39. 甲殼質殼聚糖健康法	沈永嘉譯	160 元
40. 神經痛預防與治療	木下真男著	160 元
41. 室內身體鍛鍊法	陳炳崑編著	160 元
42. 吃出健康藥膳	劉大器編著	180 元
43. 自我指壓術	蘇燕謀編著	160 元
44. 紅蘿蔔汁斷食療法	李玉瓊編著	150 元
45. 洗心術健康秘法	竺翠萍編譯	170 元
46. 枇杷葉健康療法	柯素娥編譯	180 元
47. 抗衰血癒	楊啟宏著	180 元
48. 與癌搏鬥記	逸見政孝著	180 元
50. 痔瘡・大腸疾病先端療法	宮島伸宜著	180 元
51. 膠布治癒頑固慢性病	加瀨建造著	180 元
53. 香煙能防止癡呆？	高田明和著	180 元
54. 穀菜食治癌療法	佐藤成志著	180 元
55. 貼藥健康法	松原英多著	180 元
56. 克服癌症調和道呼吸法	帶津良一著	180 元
58. 青春永駐養生導引術	早島正雄著	180 元
59. 改變呼吸法創造健康	原久子著	180 元
60. 荷爾蒙平衡養生秘訣	出村博著	180 元
61. 水美肌健康法	井戶勝富著	170 元
62. 認識食物掌握健康	廖梅珠編著	170 元
64. 酸莖菌驚人療效	上田明彥著	180 元

65. 大豆卵磷脂治現代病	神津健一著	200 元
66. 時辰療法—危險時刻凌晨 4 時	呂建強等著	180 元
67. 自然治癒力提升法	帶津良一著	180 元
68. 巧妙的氣保健法	藤平墨子著	180 元
69. 治癒 C 型肝炎	熊田博光著	180 元
70. 肝臟病預防與治療	劉名揚編著	180 元
71. 腰痛平衡療法	荒井政信著	180 元
72. 根治多汗症、狐臭	稻葉益巳著	220 元
73. 40 歲以後的骨質疏鬆症	沈永嘉譯	180 元
74. 認識中藥	松下一成著	180 元
75. 認識氣的科學	佐佐木茂美著	180 元
76. 我戰勝了癌症	安田伸著	180 元
77. 斑點是身心的危險信號	中野進著	180 元
78. 艾波拉病毒大震撼	玉川重德著	180 元
79. 重新還我黑髮	桑名隆一郎著	180 元
80. 身體節律與健康	林博史著	180 元
81. 生薑治萬病	石原結實著	180 元
84. 認識活性氧	井土貴司著	180 元
85. 深海鮫治百病	廖玉山編著	180 元
86. 神奇的蜂王乳	井上丹治著	180 元
87. 卡拉 OK 健腦法	東潔著	180 元
88. 卡拉 OK 健康法	福田伴男著	180 元
89. 醫藥與生活（二）	鄭炳全著	200 元
91. 年輕 10 歲快步健康法	石塚忠雄著	180 元
92. 石榴的驚人神效	岡本順子著	180 元
93. 飲料健康法	白鳥早奈英著	180 元
94. 健康棒體操	劉名揚編譯	180 元
95. 催眠健康法	蕭京凌編著	180 元
96. 鬱金（美王）治百病	水野修一著	180 元
97. 醫藥與生活（三）	鄭炳全著	200 元

・實用女性學講座・大展編號 19

1. 解讀女性內心世界	島田一男著	150 元
2. 塑造成熟的女性	島田一男著	150 元
3. 女性整體裝扮學	黃靜香編著	180 元
4. 女性應對禮儀	黃靜香編著	180 元
5. 女性婚前必修	小野十傳著	200 元
6. 徹底瞭解女人	田口二州著	180 元
7. 拆穿女性謊言 88 招	島田一男著	200 元
8. 解讀女人心	島田一男著	200 元
9. 俘獲女性絕招	志賀貢著	200 元
10. 愛情的壓力解套	中村理英子著	200 元
11. 妳是人見人愛的女孩	廖松濤編著	200 元

・校園系列・大展編號 20

1.	讀書集中術	多湖輝著	180 元
2.	應考的訣竅	多湖輝著	150 元
3.	輕鬆讀書贏得聯考	多湖輝著	180 元
4.	讀書記憶秘訣	多湖輝著	180 元
5.	視力恢復！超速讀術	江錦雲譯	180 元
6.	讀書 36 計	黃柏松編著	180 元
7.	驚人的速讀術	鐘文訓編著	170 元
8.	學生課業輔導良方	多湖輝著	180 元
9.	超速讀超記憶法	廖松濤編著	180 元
10.	速算解題技巧	宋釗宜編著	200 元
11.	看圖學英文	陳炳崑編著	200 元
12.	讓孩子最喜歡數學	沈永嘉譯	180 元
13.	催眠記憶術	林碧清譯	180 元
14.	催眠速讀術	林碧清譯	180 元
15.	數學式思考學習法	劉淑錦譯	200 元
16.	考試憑要領	劉孝暉著	180 元
17.	事半功倍讀書法	王毅希著	200 元
18.	超金榜題名術	陳蒼杰譯	200 元
19.	靈活記憶術	林耀慶編著	180 元
20.	數學增強要領	江修楨編著	180 元
21.	使頭腦靈活的數學	逢澤明著	200 元
22.	難解數學破題	宋釗宜著	200 元

・實用心理學講座・大展編號 21

1.	拆穿欺騙伎倆	多湖輝著	140 元
2.	創造好構想	多湖輝著	140 元
3.	面對面心理術	多湖輝著	160 元
4.	偽裝心理術	多湖輝著	140 元
5.	透視人性弱點	多湖輝著	180 元
6.	自我表現術	多湖輝著	180 元
7.	不可思議的人性心理	多湖輝著	180 元
8.	催眠術入門	多湖輝著	180 元
9.	責罵部屬的藝術	多湖輝著	150 元
10.	精神力	多湖輝著	150 元
11.	厚黑說服術	多湖輝著	150 元
12.	集中力	多湖輝著	150 元
13.	構想力	多湖輝著	150 元
14.	深層心理術	多湖輝著	160 元
15.	深層語言術	多湖輝著	160 元
16.	深層說服術	多湖輝著	180 元
17.	掌握潛在心理	多湖輝著	160 元

18. 洞悉心理陷阱　多湖輝著　180元
19. 解讀金錢心理　多湖輝著　180元
20. 拆穿語言圈套　多湖輝著　180元
21. 語言的內心玄機　多湖輝著　180元
22. 積極力　多湖輝著　180元

・超現實心靈講座・大展編號 22

1. 超意識覺醒法　詹蔚芬編譯　130元
2. 護摩秘法與人生　劉名揚編譯　130元
3. 秘法！超級仙術入門　陸明譯　200元
4. 給地球人的訊息　柯素娥編著　150元
5. 密教的神通力　劉名揚編著　130元
6. 神秘奇妙的世界　平川陽一著　200元
7. 地球文明的超革命　吳秋嬌譯　200元
8. 力量石的秘密　吳秋嬌譯　180元
9. 超能力的靈異世界　馬小莉譯　200元
10. 逃離地球毀滅的命運　吳秋嬌譯　200元
11. 宇宙與地球終結之謎　南山宏著　200元
12. 驚世奇功揭秘　傅起鳳著　200元
13. 啟發身心潛力心象訓練法　栗田昌裕著　180元
14. 仙道術遁甲法　高藤聰一郎著　220元
15. 神通力的秘密　中岡俊哉著　180元
16. 仙人成仙術　高藤聰一郎著　200元
17. 仙道符咒氣功法　高藤聰一郎著　220元
18. 仙道風水術尋龍法　高藤聰一郎著　200元
19. 仙道奇蹟超幻像　高藤聰一郎著　200元
20. 仙道鍊金術房中法　高藤聰一郎著　200元
21. 奇蹟超醫療治癒難病　深野一幸著　220元
22. 揭開月球的神秘力量　超科學研究會　180元
23. 秘傳！西藏密教奧義　高藤聰一郎著　250元
24. 改變你的夢術入門　高藤聰一郎著　250元
25. 21世紀拯救地球超技術　深野一幸著　250元

・養　生　保　健・大展編號 23

1. 醫療養生氣功　黃孝寬著　250元
2. 中國氣功圖譜　余功保著　250元
3. 少林醫療氣功精粹　井玉蘭著　250元
4. 龍形實用氣功　吳大才等著　220元
5. 魚戲增視強身氣功　宮　嬰著　220元
7. 道家玄牝氣功　張　章著　200元
8. 仙家秘傳袪病功　李遠國著　160元
9. 少林十大健身功　秦慶豐著　180元

10. 中國自控氣功 張明武著 250元
11. 醫療防癌氣功 黃孝寬著 250元
12. 醫療強身氣功 黃孝寬著 250元
13. 醫療點穴氣功 黃孝寬著 250元
14. 中國八卦如意功 趙維漢著 180元
15. 正宗馬禮堂養氣功 馬禮堂著 420元
16. 秘傳道家筋經內丹功 王慶餘著 300元
17. 三元開慧功 辛桂林著 250元
18. 防癌治癌新氣功 郭　林著 180元
19. 禪定與佛家氣功修煉 劉天君著 200元
20. 顛倒之術 梅自強著 360元
21. 簡明氣功辭典 吳家駿編 360元
22. 八卦三合功 張全亮著 230元
23. 朱砂掌健身養生功 楊永著 250元
24. 抗老功 陳九鶴著 230元
25. 意氣按穴排濁自療法 黃啟運編著 250元
26. 陳式太極拳養生功 陳正雷著 200元
27. 健身祛病小功法 王培生著 200元
28. 張式太極混元功 張春銘著 250元
29. 中國璇密功 羅琴編著 250元
30. 中國少林禪密功 齊飛龍著 200元
31. 郭林新氣功 郭林新氣功研究所 400元
32. 太極 八卦之源與健身養生 鄭志鴻等著 280元
33. 現代原始氣功<1> 林始原著 400元

・社會人智囊・大展編號 24

1. 糾紛談判術 清水增三著 160元
2. 創造關鍵術 淺野八郎著 150元
3. 觀人術 淺野八郎著 200元
4. 應急詭辯術 廖英迪編著 160元
5. 天才家學習術 木原武一著 160元
6. 貓型狗式鑑人術 淺野八郎著 180元
7. 逆轉運掌握術 淺野八郎著 180元
8. 人際圓融術 澀谷昌三著 160元
9. 解讀人心術 淺野八郎著 180元
10. 與上司水乳交融術 秋元隆司著 180元
11. 男女心態定律 小田晉著 180元
12. 幽默說話術 林振輝編著 200元
13. 人能信賴幾分 淺野八郎著 180元
14. 我一定能成功 李玉瓊譯 180元
15. 獻給青年的嘉言 陳蒼杰譯 180元
16. 知人、知面、知其心 林振輝編著 180元
17. 塑造堅強的個性 坂上肇著 180元

18. 為自己而活	佐藤綾子著	180 元
19. 未來十年與愉快生活有約	船井幸雄著	180 元
20. 超級銷售話術	杜秀卿譯	180 元
21. 感性培育術	黃靜香編著	180 元
22. 公司新鮮人的禮儀規範	蔡媛惠譯	180 元
23. 傑出職員鍛鍊術	佐佐木正著	180 元
24. 面談獲勝戰略	李芳黛譯	180 元
25. 金玉良言撼人心	森純大著	180 元
26. 男女幽默趣典	劉華亭編著	180 元
27. 機智說話術	劉華亭編著	180 元
28. 心理諮商室	柯素娥譯	180 元
29. 如何在公司崢嶸頭角	佐佐木正著	180 元
30. 機智應對術	李玉瓊編著	200 元
31. 克服低潮良方	坂野雄二著	180 元
32. 智慧型說話技巧	沈永嘉編著	180 元
33. 記憶力、集中力增進術	廖松濤編著	180 元
34. 女職員培育術	林慶旺編著	180 元
35. 自我介紹與社交禮儀	柯素娥編著	180 元
36. 積極生活創幸福	田中真澄著	180 元
37. 妙點子超構想	多湖輝著	180 元
38. 說 NO 的技巧	廖玉山編著	180 元
39. 一流說服力	李玉瓊編著	180 元
40. 般若心經成功哲學	陳鴻蘭編著	180 元
41. 訪問推銷術	黃靜香編著	180 元
42. 男性成功秘訣	陳蒼杰編著	180 元
43. 笑容、人際智商	宮川澄子著	180 元
44. 多湖輝的構想工作室	多湖輝著	200 元
45. 名人名語啟示錄	喬家楓著	180 元
46. 口才必勝術	黃柏松編著	220 元
47. 能言善道的說話秘訣	章智冠編著	180 元
48. 改變人心成為贏家	多湖輝著	200 元
49. 說服的ＩＱ	沈永嘉譯	200 元
50. 提升腦力超速讀術	齊藤英治著	200 元
51. 操控對手百戰百勝	多湖輝著	200 元
52. 面試成功戰略	柯素娥編著	200 元
53. 摸透男人心	劉華亭編著	180 元
54. 撼動人心優勢口才	龔伯牧編著	180 元
55. 如何使對方說 yes	程　羲編著	200 元
56. 小道理・美好生活	林政峰編著	180 元
57. 拿破崙智慧箴言	柯素娥編著	200 元
58. 解開第六感之謎	匠英一編著	200 元
59. 讀心術入門	王嘉成編著	180 元
60. 這趟人生怎麼走	李亦盛編著	200 元
61. 這趟人生無限好	李亦盛編著	200 元

・精　選　系　列・大展編號 25

1. 毛澤東與鄧小平　渡邊利夫等著　280 元
2. 中國大崩裂　江戶介雄著　180 元
3. 台灣・亞洲奇蹟　上村幸治著　220 元
4. 7-ELEVEN 高盈收策略　國友隆一著　180 元
5. 台灣獨立（新・中國日本戰爭一）　森詠著　200 元
6. 迷失中國的末路　江戶雄介著　220 元
7. 2000 年 5 月全世界毀滅　紫藤甲子男著　180 元
8. 失去鄧小平的中國　小島朋之著　220 元
9. 世界史爭議性異人傳　桐生操著　200 元
10. 淨化心靈享人生　松濤弘道著　220 元
11. 人生心情診斷　賴藤和寬著　220 元
12. 中美大決戰　檜山良昭著　220 元
13. 黃昏帝國美國　莊雯琳譯　220 元
14. 兩岸衝突（新・中國日本戰爭二）　森詠著　220 元
15. 封鎖台灣（新・中國日本戰爭三）　森詠著　220 元
16. 中國分裂（新・中國日本戰爭四）　森詠著　220 元
17. 由女變男的我　虎井正衛著　200 元
18. 佛學的安心立命　松濤弘道著　220 元
19. 世界喪禮大觀　松濤弘道著　280 元
20. 中國內戰（新・中國日本戰爭五）　森詠著　220 元
21. 台灣內亂（新・中國日本戰爭六）　森詠著　220 元
22. 琉球戰爭①（新・中國日本戰爭七）　森詠著　220 元
23. 琉球戰爭②（新・中國日本戰爭八）　森詠著　220 元
24. 台海戰爭（新・中國日本戰爭九）　森詠著　220 元
25. 美中開戰（新・中國日本戰爭十）　森詠著　220 元
26. 東海戰爭①（新・中國日本戰爭十一）森詠著　220 元
27. 東海戰爭②（新・中國日本戰爭十二）森詠著　220 元

・運　動　遊　戲・大展編號 26

1. 雙人運動　李玉瓊譯　160 元
2. 愉快的跳繩運動　廖玉山譯　180 元
3. 運動會項目精選　王佑京譯　150 元
4. 肋木運動　廖玉山譯　150 元
5. 測力運動　王佑宗譯　150 元
6. 游泳入門　唐桂萍編著　200 元
7. 帆板衝浪　王勝利譯　300 元
8. 蛙泳七日通　溫仲華編著　180 元
9. 中老年人游泳指導　溫仲華著　180 元
10. 爬泳(自由式)技術與練習　吳河海著　180 元
11. 仰泳技術與練習　吳河海著　180 元
12. 蝶泳技術與練習　吳河海著　180 元

18. 健美操＋VCD 蕭光來主編 400 元
19. 直排輪休閒與競技 劉仁輝編著 220 元
20. 乒乓球發球與接發球 張良西著 200 元
21. 乒乓球雙打 李浩松著 180 元
22. 乒乓球削球 王蒲主編 220 元
23. 乒乓球打法與戰術 岳海鵬編著 220 元
24. 乒乓球步法的技巧 張博著 220 元
25. 乒乓球弧圈球與臺內球 劉雅玲編著 180 元

・運動精進叢書・大展編號 261

1. 怎樣跑得快 沈信生主編 200 元
2. 怎樣投得遠 沈信生主編 180 元
3. 怎樣跳得遠 沈信生主編 180 元
4. 怎樣跳得高 沈信生主編 180 元
5. 高爾夫揮桿原理 耿玉東編著 220 元
6. 網球技巧圖解 宋強編著 220 元
7. 排球技巧圖解 鍾秉樞主編 230 元
8. 沙灘排球技巧圖解 鍾秉樞主編 230 元
9. 撞球技巧圖解 馬善凱著 230 元
10. 籃球技巧圖解 許博編著 220 元
11. 足球技巧圖解 麻雪田等著 230 元
12. 羽毛球技巧圖解 彭美麗主編 220 元
13. 乒乓球技巧圖解 劉雪編著 220 元
14. 新保齡球技法曲線球與飛碟球 林升滿著 300 元

・休 閒 娛 樂・大展編號 27

1. 海水魚飼養法 田中智浩著 300 元
2. 金魚飼養法 曾雪玫譯 250 元
3. 熱門海水魚 毛利匡明著 480 元
4. 愛犬的教養與訓練 池田好雄著 250 元
5. 狗教養與疾病 杉浦哲著 220 元
6. 小動物養育技巧 三上昇著 300 元
7. 水草選擇、培育、消遣 安齊裕司著 300 元
8. 四季釣魚法 釣朋會著 200 元
9. 簡易釣魚入門 張果馨譯 200 元
10. 防波堤釣入門 張果馨譯 220 元
11. 透析愛犬習性 沈永嘉譯 200 元
14. 花卉專家門診 胡一民編著 280 元
15. 一年花事早知道 劉宏濤編著 280 元
16. 常見花卉栽培 科學研究所編著 280 元
17. 養花竅門 99 招 劉宏濤編著 220 元
18. 盆花養護 99 招 劉宏濤編著 220 元

19. 盆景養護83招	彭春生編著	220元
20. 園藝植物管理	船越亮二著	220元
21. 實用家庭菜園ＤＩＹ	孔翔儀著	200元
22. 住宅修補ＤＩＹ	吉田徹著	200元
23. 假日木工ＤＩＹ	李久霖譯	200元
24. 輕鬆瞭解電氣	柯富陽編著	200元
30. 汽車急救ＤＩＹ	陳瑞雄編著	200元
31. 巴士旅行遊戲	陳羲編著	180元
32. 測驗你的ＩＱ	蕭京凌編著	180元
33. 益智數字遊戲	廖玉山編著	180元
34. 益智腦力激盪	劉筱卉編著	180元
35. 對人有助益的數學	伸田紀夫著	180元
40. 撲克牌遊戲與贏牌秘訣	林振輝編著	180元
41. 撲克牌魔術、算命、遊戲	林振輝編著	180元
42. 撲克占卜入門	王家成編著	180元
43. 撲克牌遊戲入門	張欣筑編著	180元
49. 趣味性史漫談	玄虛叟編著	200元
50. 兩性幽默	幽默選集編輯組	180元
51. 異色幽默	幽默選集編輯組	180元
52. 幽默魔法鏡	玄虛叟編著	180元
53. 幽默樂透站	玄虛叟編著	180元
54. 印度幽默小品	玄虛叟編著	180元
60. 圖解交際舞速成	鐘文訓編著	220元
70. 亞洲真實恐怖事件	楊鴻儒譯	200元

・銀髮族智慧學・大展編號 28

1. 銀髮六十樂逍遙	多湖輝著	170元
2. 人生六十反年輕	多湖輝著	170元
3. 六十歲的決斷	多湖輝著	170元
4. 銀髮族健身指南	孫瑞台編著	250元
5. 退休後的夫妻健康生活	施聖茹譯	200元

・飲　食　保　健・大展編號 29

1. 自己製作健康茶	大海淳著	220元
2. 好吃、具藥效茶料理	德永睦子著	220元
3. 改善慢性病健康藥草茶	吳秋嬌譯	200元
4. 藥酒與健康果菜汁	成玉編著	250元
5. 家庭保健養生湯	馬汴梁編著	220元
6. 降低膽固醇的飲食	早川和志著	200元
7. 女性癌症的飲食	女子營養大學	280元
8. 痛風者的飲食	女子營養大學	280元
9. 貧血者的飲食	女子營養大學	280元

國家圖書館出版品預行編目資料

太極拳習練知識問答 / 邱丕相主編
－初版－臺北市：大展，2003【民 92】
面；21 公分－（武術特輯；48）
ISBN 978-957-468-202-7（平裝）
1. 太極拳－問題集
528.972022　　92000507

【版權所有・翻印必究】

太極拳習練知識問答　ISBN 978-957-468-202-7

主 編 者／邱　丕　相
責任編輯／駱　勤　方
發 行 人／蔡　森　明
出 版 者／大展出版社有限公司
社　　址／台北市北投區（石牌）致遠一路 2 段 12 巷 1 號
電　　話／(02) 28236031・28236033・28233123
傳　　真／(02) 28272069
郵政劃撥／01669551
網　　址／www.dah-jaan.com.tw
E-mail／service@dah-jaan.com.tw
登 記 證／局版臺業字第 2171 號
承 印 者／高星印刷品行
裝　　訂／建鑫印刷裝訂有限公司
排 版 者／弘益電腦排版有限公司
授 權 者／北京人民體育出版社
初版 1 刷／2003 年（民 92 年） 3 月
初版 2 刷／2007 年（民 96 年） 9 月　定價 / 220 元

●本書若有破損、缺頁敬請寄回本社更換●

一億人閱讀的暢銷書！

4 ～ 26 集　定價300元　特價230元

4.大金塊　5.青銅魔人　6.地底魔術王　7.透明怪人　8.怪人四十面相　9.宇宙怪人

恐怖的鐵塔王國　11.灰色巨人　12.海底魔術師　13.黃金豹　14.魔法博士　15.馬戲怪人

6.魔人銅鑼　17.魔法人偶　18.奇面城的秘密　19.夜光人　20.塔上的魔術師　21.鐵人Q

.假面恐怖王　23.電人M　24.二十面相的詛咒　25.飛天二十面相　26.黃金怪獸

品冠文化出版社

地址：臺北市北投區
　　　致遠一路二段十二巷一號
電話：〈02〉28233123
郵政劃撥：19346241

推理文學經典巨著，中文版正式授權

名偵探明智小五郎與怪盜的挑戰與鬥智

名偵探柯南、金田一都讚嘆不已

日本推理小說鼻祖—江戶川亂步

1894年10月21日出生於日本三重縣名張〈現在的名張市〉。本名平井太郎。
就讀於早稻田大學時就曾經閱讀許多英、美的推理小說。
畢業之後曾經任職於貿易公司，也曾經擔任舊書商、新聞記者等各種工作。
1923年4月，在『新青年』中發表「二錢銅幣」。
筆名江戶川亂步是根據推理小說的始祖艾德嘉・亞藍波而取的。
後來致力於創作許多推理小說。
1936年配合「少年俱樂部」的要求所寫的『怪盜二十面相』極受人歡迎，
陸續發表『少年偵探團』、『妖怪博士』共26集……等
適合少年、少女閱讀的作品。

1～3集　定價300元　試閱特價189元